Point Hors Ligne

Collection dirigée par Jean-Claude Aguerre

La collection « Point Hors Ligne » explore les questions essentielles à l'avancée du champ psychanalytique. Elle s'attache à tisser les liens entre une élaboration théorique et une pratique au quotidien.

(Voir les titres déjà parus en fin d'ouvrage)

Ce qui reste du père

La paternité à l'époque hypermoderne

Massimo Recalcati

Ce qui reste du père

La paternité à l'époque hypermoderne

Traduit de l'italien
par Laura Cecotti Stievenard

POINT HORS LIGNE

érès

Conception de la couverture :
Anne Hébert

Édition originale : *Cosa resta del padre*, Massimo Recalcati
© 2011, Raffaello Cortina Editore

ISBN : 978-2-7492-4041-1
ME - 1500
© Éditions érès 2014
33, avenue Marcel-Dassault, 31500 Toulouse
www.editions-eres.com

Introduction

« Soit la grâce d'être ici,
Grâce aussi d'implorer à mains jointes,
Rester les lèvres serrées, les yeux baissés
Comme celui qui attend la sentence.
Soit la grâce d'être ici,
Dans le juste de la vie,
Dans l'œuvre du monde. Ainsi soit-il. »

Mario Luzi, *Auguste*

Est-il juste d'apprendre à prier à nos enfants si Dieu est mort ? Je me pose cette question avant tout en tant que père plus qu'en tant que psychanalyste. Mais, qu'est-ce que veut dire prier ? Faut-il donner à nos enfants l'illusion d'un Dieu qui n'existe plus dans un monde caché derrière le monde et alimenter, comme le fait une certaine culture du désenchantement, un rituel superstitieux ? Ou enseigner à prier est-il un moyen de garder l'évocation d'un Autre qui ne peut pas être réduit à notre savoir ? Est-il un moyen de préserver un pas-tout pour éduquer à l'insuffisance, à l'ouverture au mystère ou à la rencontre avec l'impossibilité de dire ? Un collègue et ami ne supporte pas de m'entendre faire ce genre de discours. Il est convaincu que la psychanalyse est un abandon sans retour de toute forme de prière. Dieu ne répond pas, le Père se tait, le ciel sur nos têtes est vide, comme le souligne Jean-Paul Sartre.

Comme mon ami, je ne sais pas prier non plus, bien que ma mère me l'ait appris avec beaucoup de soin. La prière adressée à Dieu appartient au temps de l'existence de Dieu. Pourtant, avec le consentement de ma femme, j'ai décidé d'apprendre à mes enfants qu'il est encore possible de prier, parce que la prière préserve le lieu de l'Autre comme irréductible à celui du moi. Ce que j'ai enseigné à mes enfants est que pour prier il faut s'agenouiller et remercier. Mais s'agenouiller face à qui ? Quel Autre ? Je ne sais pas et je ne veux pas répondre à cette question et, d'ailleurs, mes enfants ne me la posent pas. Quand ils me le demandent, nous pratiquons ensemble ce qui reste de la prière : nous préservons le lieu du mystère, de l'impossible, du pas-tout, de la confrontation avec le caractère inassimilable de l'Autre. Amen, ainsi soit-il, cela « soit ainsi ». Nous vivons au temps où le Père ne peut plus répondre sur le sens de la vie et de la mort, sur les sens du bien et du mal, c'est l'époque que Lacan définit comme celle de l'« évaporation du père » : il reste la force d'une prière qui entend respecter le mystère de ce qui existe tout simplement.

Dans *L'avenir d'une illusion*[1], dans le sillage du Nietzsche héritier des lumières, Freud évoquait la foi dans la raison comme antidote critique de l'illusion que chaque religion représente. Le deuil du Père signifiait une revendication orgueilleuse du caractère fini de l'existence. Mais, je me demande pourquoi ce caractère fini devrait supprimer toute forme de mystère. La « contingence illimitée[2] » de l'existence n'est peut-être pas un mystère en soi ? Sommes-nous face à un aspect fondamental de la fonction paternelle de l'époque hypermoderne ? Comment pouvons-nous préserver cette ouverture de l'existence au mystère en évitant de faire du désenchantement une nouvelle religion, une nouvelle forme d'illusion ? Comment rendre possible l'expérience, vertueuse,

1. S. Freud, *L'avenir d'une illusion*, Paris, Puf, 2004.
2. J'emprunte cette expression à M. De Carolis, *Il paradosso antropologico : nicchie, micromondi e dissociazione psichica*, Macerata, Quodlibet, 2008.

de la limite ? L'expérience de notre castration ne serait-elle pas l'expérience centrale de toute prière authentique ? Et le devoir crucial de la fonction paternelle n'est-il pas de rendre possible la rencontre avec notre limite la plus radicale[3] ?

Tout discours sur la crise de la fonction paternelle semble être irrémédiablement daté et en même temps irrémédiablement urgent. Et non seulement parce qu'on ne se résigne pas facilement au deuil du père, mais surtout parce que l'humanisation de la vie exige la rencontre avec « au moins un père ». À l'époque de son évaporation, « toute chose », dira le dernier Lacan, pourra en exercer la fonction. Le père n'est pas une question de genre ni de sang. Son imago idéale ne gouverne plus ni la famille ni le corps social. Néanmoins, il ne s'agit pas de regretter son règne, ni d'en décréter la disparition irréversible. Pour renoncer au père, il faut pouvoir s'en servir, dira Lacan. Renoncer, faire le deuil du père, ne signifie pas le mettre au ban, en exalter la démolition, en décréter le poids insupportable ou, plus simplement, l'inutilité. Faire « sérieusement » le deuil du père signifie en accepter l'héritage. Qu'est-ce que cela veut dire ? Le sujet, écrivait Sartre, peut se réaliser uniquement en faisant quelque chose de ce que

---

3. L'expression « papi » utilisée par de nombreuses jeunes femmes (les *papi-girls*) pour se référer à leur séducteur, Berlusconi, est très en vogue dans la chronique politique italienne de ces dernières années et met en évidence la dégénérescence hypermoderne de la loi symbolique de la castration. La figure du père réduite au mot « papi », au lieu de soutenir la valeur vertueuse de la limite, devient ce qui autorise sa totale dissolution. L'argent distribué, non pas en règlement d'un travail fourni, mais comme un acte purement arbitraire, produit l'illusion qu'il est possible d'atteindre l'accomplissement de soi rapidement, sans renonciations, ni travail, juste par l'emphase fétichiste des corps féminins en tant qu'instruments de jouissance. Le mépris de la vérité, l'opposition ostentatoire face aux institutions de la Loi, l'exhibition de soi en tant que « moi » fort et tout-puissant, le refus de toute limite au nom d'une liberté sans liens, l'absence de pudeur et de sentiment de culpabilité constituent les traits du renversement hypermoderne de la fonction symbolique du père, qui trouvent leur synthèse dans la figure de Silvio Berlusconi. Le passage du père de la Loi symbolique au « papi » de la jouissance ne définit pas seulement la métamorphose du profond statut du pouvoir (du régime œdipien de la démocratie au sultanat post-idéologique de type pervers). Cela révèle aussi la possibilité que ce qui reste du père à l'époque de son évaporation soit seulement une version cynique et matérialiste de la jouissance. Contre cette issue possible, les pages qui suivent essayent de faire émerger une voix différente.

l'Autre (le père, la mère, la famille, la société, les autres) a fait de lui-même. Pour les êtres humains, les êtres qui habitent le langage, il n'y a pas de possibilité d'autosuffisance, il n'y a pas de possibilité de fuir la dépendance structurelle de l'Autre. En ce sens, nous sommes une prière. Chacun de nous vient d'un horizon qu'il n'a pas choisi mais qui l'a déterminé. Il n'existe pas un « moi » identifié une fois pour toutes, parce que la subjectivité est un mouvement continuel d'individuation qui se présente comme un va-et-vient entre le « dedans » et le « dehors » de son propre « moi ». C'est un enseignement décisif du dernier Sartre, repris par Lacan : il n'existe pas de sujet qui *se soit fait* tout seul, il n'y a pas d'autosuffisance, l'homme n'est pas un *« ens causa sui »*. À travers la règle des associations libres, en invitant le patient à dire tout ce qui lui vient à l'esprit, l'expérience de l'analyse révèle que les figures familières, du père, de la mère, des frères et des sœurs, restent immanquablement les personnages principaux du discours. C'est une sorte de nécessité qui semble enchaîner les associations libres pour parler de soi-même et de son intimité, le sujet est obligé de parler de l'Autre, de celui qui le crée, et il est obligé de reconnaître que l'inconscient est le discours de l'Autre.

Nous descendons tous d'un horizon qui nous constitue et nous transcende. Nous sommes toujours dépendants de ce qui se passe chez l'Autre, du discours de l'autre. Nous sommes l'objet entre les mains de l'Autre et, comme dirait Sartre, nous sommes l'avenir des Autres. Toutefois, sur le fond de cet horizon, qui nous précède et nous constitue, nous avons toujours la possibilité de subjectiver de façon singulière notre origine et la possibilité de reprendre, de re-subjectiver tout ce que nous héritons de l'Autre.

Dans ce livre, la problématique de l'héritage – de la transmission du désir –, de ce qu'hériter signifie, est centrale. Un livre sur ce qui reste du père ne peut pas se dispenser d'interroger la problématique de l'héritage. La fonction paternelle ne répond-elle pas, avant tout, à la question est-il possible d'hériter de la faculté de désirer ou comment se passe sa transmission ?

Nous avons tous connu plusieurs pères et nous avons tous eu plusieurs enfants. Consanguins ou pas. Nous avons été faits par nos pères et nous faisons toujours quelque chose de nos enfants. Pourtant, nous ne sommes pas comme nos pères, ni comme nos enfants. L'héritage implique un mouvement singulier entre identification et désidentification. Mais il ne s'agit pas que d'identification ni de désidentification. C'est une désidentification qui suppose une identification advenue et une identification qui exige une désidentification. Freud le rappelait à la fin de son texte testament, *Abrégé de psychanalyse*[4], à travers une citation de Goethe : « Ce que tu as hérité des pères, / Il faut le reconquérir si tu veux le posséder vraiment. » Pour se servir du Père, il faut pouvoir s'en passer. Mais, s'en passer ne signifie pas effacer la dette symbolique qui nous lie à l'Autre. S'en passer seulement dans le but de s'en servir et non pour annuler son existence. Si on voulait simplement effacer cette dette symbolique envers le Père et annuler son existence, nous ne pourrions nous en servir d'aucune façon. Nous serions pour toujours – et c'est le danger que Nietzsche a repéré de manière très lucide – des orphelins enragés et vexés du Père. La séparation d'avec le Père n'est pas haine du Père parce que s'en passer implique une subjectivation de l'héritage, c'est-à-dire le consentement à son héritage, sa reprise ou, comme le dit Freud à travers les mots de Goethe, sa *reconquête.* C'est ce que nous trouvons sous la plume du père de la psychanalyse : *pour pouvoir posséder de manière authentique ce dont tu as hérité, tu dois le reconquérir.* Il faut laisser échouer le premier héritage pour pouvoir puiser dans le second. Si le premier est celui du sang et de la jouissance, le second est celui du désir humain et symbolique. Il s'agit d'expérimenter toute l'insuffisance du premier pour accéder au second. En d'autres termes, c'est mourir dans l'héritage du sang pour revivre dans celui du désir. L'héritage, en effet, n'est pas un patrimoine génétique qui s'acquiert par descendance, parce qu'il comporte avant tout l'acte

4. S. Freud, *Abrégé de psychanalyse*, Paris, Puf, 2001.

spécifique de la volonté d'hériter, du consentement à l'héritage, de la reconquête de son propre héritage.

Dans la perspective de Lacan, la Loi et le désir sont unis selon une commune référence à l'impossible. L'interdit de la chose maternelle, que la Loi de la castration établit, ouvre au mouvement du désir. La Loi n'est pas une menace, mais une condition du désir. Les textes bibliques et les textes freudiens et lacaniens partagent cet appel puissant à l'alliance entre Loi et désir. Mais le temps hypermoderne efface tout fondement éthique de l'alliance et, en montrant la totale inconsistance de son Idéal, dissout le Nom-du-Père comme fonction symbolique capable de limiter la jouissance de la Chose et de promouvoir l'union entre la Loi et le désir. La tendance incestueuse de la jouissance, l'absence de limites et d'interdits symboliques, le dérèglement pulsionnel, le *ça* sans inconscient, la mort du désir, la violence, le racisme, le refus de l'Autre, le culte narcissique du moi, l'indifférence cynique et la pulsion de mort sans bornes définissent le tableau psychopathologique de l'époque hypermoderne dominée par l'évaporation du Père et par le triomphe de l'objet promu par le discours capitaliste comme seule valeur possible. En conséquence, doit-on faire le deuil du Père à travers une renonciation définitive à la Loi de la castration ou doit-on essayer de repenser la fonction paternelle justement au moment de son plus grand déclin ? Ce livre choisit la deuxième hypothèse et définit ce qui reste du père comme un écart de tout Idéal universel, comme une version singulière de la Loi au temps de la dissolution de toute valeur transcendantale, comme une réduction de la Loi à la dimension éthique de la responsabilité.

Dans mon livre *L'uomo senza inconscio*[5], je posais déjà la question de ce qui reste du Père à l'époque qui décrète son évaporation. Celle-ci se caractérise, en effet, par le déclin définitif de la figure du père œdipien qui rendait possible l'asso-

5. Voir M. Recalcati, *L'uomo senza inconscio. Figure della nuova clinica psicoanalitica*, Milan, Raffaello Cortina, 2010.

ciation entre la Loi et le désir, ayant comme point de départ la valeur idéale que l'image du *pater familias* détenait dans la famille et dans la société. Sa puissance phallique héritait directement de la puissance théologique du Dieu-Père de la tradition religieuse qui nouait Loi et désir dans une alliance fondée de manière transcendantale. Lacan célèbre à sa façon cette alliance à travers la théorie du Nom-du-Père, dans laquelle la figure du père est dépassée par une fonction éminemment symbolique de la Loi de la castration. Le Nom-du-Père n'est pas le père réel, mais le symbole fondamental qui opère en arrière-plan de l'effacement du père réel. Là où on trouve le Nom-du-Père, le père réel est toujours mort. Au contraire, là où le père réel survit, comme dans la psychose, il montre une puissance obscène et destructrice totalement contraire à la Loi symbolique. Pour cette raison, Lacan finira par identifier le Nom-du-Père au langage qui établit l'impossibilité pour l'être parlant de puiser directement à la Chose de la jouissance.

Dans ce livre, nous allons questionner également cette version symbolique du Père parce que le temps de sa gloire (structuraliste) a expiré. Il s'agit donc de penser le père comme reste plutôt qu'en tant qu'Idéal normatif, comme acte singulier, plutôt que pur symbole fondamental, comme incarnation, témoignage et responsabilité éthique, rencontre contingente, plutôt que fonction signifiante, principe premier, garantie ontologique ou comme Nom. Le reste du père qui survit, après la dissolution de sa fonction théologique et idéologique, est uniquement un acte singulier, une incarnation de l'alliance possible entre Loi et désir, un geste éthique de responsabilité par rapport à son propre désir. Il est l'acte singulier qui transmet l'interdit de la mauvaise jouissance de la Chose en même temps que le don du désir. La thèse de cet ouvrage est que l'évaporation de la fonction œdipienne et normative du Père, au lieu de nous libérer du père, doit nous permettre une réhabilitation éthique du père comme témoignage et non comme Père du Nom. Pour cette raison, le terme « témoignage » définit dans mon travail l'acte singulier sans écran ni garantie avec lequel un père, privé de tout support idéal, sait offrir une solution concrète pour unir le désir à la Loi.

Dans la seconde partie de ce livre, le lecteur trouvera une série de témoignages sur ce qui reste du père : Philip Roth, Cormac McCarthy et Clint Eastwood offrent des visions de la paternité complètement détachées de la dimension théologique et normative, qui a caractérisé aussi, sous plusieurs aspects, la fonction œdipienne théorisée par Freud. Il ne s'agit pas de témoignages exemplaires, parce que par définition un témoignage n'a rien d'exemplaire, il s'agit surtout d'actes singuliers qui montrent que ce qui reste du père est son rôle de gardien du mystère de la vie et de la mort, c'est la responsabilité de l'héritage et de la transmission de la capacité générative du désir en tant que foi nue.

I

Unir le désir à la Loi

Déclin et évaporation du père

Le geste d'Hector et le père castré

Qu'est-ce qu'un père ? C'est la question qui revient tourmenter la pensée de Freud.

Il trouve la figure d'Œdipe afin d'indiquer que la fonction paternelle a pour but principal d'interdire ce qu'en revanche le personnage d'Œdipe de Sophocle réalise : l'accouplement incestueux avec la mère. Un père, semble nous dire Freud, est celui qui sait faire valoir la Loi de l'interdiction de l'inceste en facilitant le processus de séparation du fils de ses origines. Lacan montrera le caractère vertueusement traumatique de cette opération : l'exercice symbolique de la paternité assure au fils la possibilité de se détacher du « marais indifférencié » de la jouissance et de s'aventurer vers la possibilité d'assumer tout seul son propre désir. Cette équivalence entre le Père et la Loi, et sa déconstruction hypermoderne, est l'un des principaux sujets de ce livre. Notre temps semble décréter l'irrémédiable déclin de la représentation œdipienne du Père, en se positionnant ouvertement sous le signe de « l'anti-œdipe », en exerçant une critique radicale de l'équivalence freudienne entre Père et Loi. En réalité, même Freud, bien avant la critique « anti-œdipienne » des années 1970, annonçait l'époque de la dissolution du Père, comme si le père, déjà aux origines de la théorie psychanalytique, était un père évanescent, castré, opposé et alternatif à la splendeur influente du *pater familias*. Comme si ce père, celui de Freud, n'était pas seulement l'agent de la castration – celui qui introduit la limite à la jouissance incestueuse de la « Chose » maternelle – mais aussi celui qui porte sur soi les marques de la castration. Il s'agit d'une ambivalence interne au concept freudien de père. D'une part, le Père-Norme, le père qui équivaut à la Loi, celui qui exerce la menace de l'éviration et qui installe la Loi dans la famille ; de l'autre, le père absent, vulnérable, trop humain pour assumer l'engagement de représenter cette équivalence [1].

Pour saisir de plus près ce double visage du père freudien, laissons-nous guider par deux scènes. La première est très connue et elle est tirée des pages de l'*Iliade* d'Homère. Il s'agit de la scène de la rencontre d'Hector avec son fils et sa femme Andromaque juste avant le duel fatal contre Achille [2]. La seconde est la célèbre anecdote racontée par Freud concernant son vieux père.

Dans la première scène, nous sommes face à la figure tragique du père partagé entre son devoir de citoyen et de chef militaire (défendre Troyes des envahisseurs) et son rôle de père de famille. Le geste qui retient l'attention de Luigi Zoja dans son ravissant commentaire d'Homère, c'est quand Hector ôte son casque surmonté d'une crinière afin de ne pas effrayer son enfant et de se faire reconnaître, levant ensuite son fils vers le ciel, en demandant aux Dieux qu'il devienne plus fort que son père. Le casque recouvre son visage et doit

1. En réalité, pour rendre complet l'index des références freudiennes à la figure du père, il faudrait évoquer, avec cette division constitutive, le Père primitif de la horde, celui qui jouit de toutes les femmes et annule tout le sens des limites. C'est le Père dont Freud parle amplement dans *Totem et tabou :* ce n'est pas le père comme fonction normative, mais le père comme pulsion illimitée et perverse à la jouissance, dont la mort rend possible l'institution de la Loi. Cette version perverse du Père est au centre de la deuxième partie du Séminaire, Livre XVII de Lacan. Voir J. Lacan, Le Séminaire, Livre XVII (1969-1970), *L'envers de la psychanalyse*, Paris, Le Seuil, 1991.

2. Elle a été commentée dans les pages très intenses de Luigi Zoja, auxquelles je renvoie le lecteur. L. Zoja, *Il gesto di Ettore. Préhistoire, histoire, actualité et disparition du père*, Turin, Bollati Boringhieri, 2003, p. 86-102.

être enlevé pour permettre la dialectique de la reconnaissance, et permettre au fils d'humaniser la figure idéale de son père. Cependant, les liens familiaux ne retiennent pas Hector d'accomplir son devoir de citoyen et de chef militaire. Son orgueil de guerrier est plus fort que son sentiment de père. Bien que laissant apparaître une division interne au Père, la scission tragique qui traverse « le geste d'Hector » préserve son caractère idéal et sa fonction de guide éthique.

Le père de Freud, Jakob, commerçant en tissus, représente une figure de petit bourgeois sans grands idéaux et sans culture, il n'est pas exactement l'image étincelante du père idéal. Il n'est pas celui qui détient le sceptre phallique du pouvoir, il représente plutôt l'image d'un père en difficulté, affaibli, effacé, c'est un père humilié que le néoréalisme de Vittorio De Sica représente sans pitié et de manière mélancolique dans *Le voleur de bicyclette* (1948). Dans *L'interprétation du rêve,* Freud parle d'un épisode de sa vie qui l'accompagne depuis l'enfance comme une image indélébile. Un jour, son père, se promenant dans Freiberg, se trouva face à un homme qui provenait du sens opposé sur le même trottoir. L'homme, avec arrogance, prétendit qu'on lui cède le passage, jetant le bonnet de fourrure de Jakob dans la boue et criant de manière agressive : « Juif, descends du trottoir ! » Face à cette scène d'humiliation, la question du jeune Sigmund devient pressante : « Et qu'est-ce que tu as fait ? » Le père répondit tristement : « Je suis descendu du trottoir et j'ai ramassé mon bonnet. » Ce père est très différent du père qui est décrit par le geste d'Hector, que Luigi Zoja a désigné comme le paradigme pur de la paternité ! En effet, si Hector enlève son casque afin de montrer son côté le plus humain à son fils, s'il vit le clivage entre l'armure du guerrier et la tendre affectivité envers son fils, s'il élève son fils vers le ciel en souhaitant que celui-ci le dépasse par sa force et son courage, le père de Freud se révèle être « trop humain », un père castré, désarmé, cédant passivement le pas à l'antisémite arrogant. Dans le premier cas, la figure du père oscille entre le citoyen héroïque qui s'engage dans la défense de sa communauté et le père qui s'occupe de sa propre famille et qui, s'il effraye son fils par excès d'idéal, est prêt à faire preuve de tendresse – en enlevant son casque – pour se faire reconnaître en tant que père humain ; tandis que pour le jeune Sigmund, le père n'est pas objet de peur ou d'admiration, mais uniquement de honte. Il est celui qui subit une offense sans avoir une quelconque réaction.

La comparaison de ces deux scènes nous permet d'accomplir le passage du père idéal, inaccessible, mythique et inégalable, au père castré comme expression de toute la misère humaine qui accompagne nécessairement toute figure de père.

L'enjeu est une réduction, un rétrécissement, une évaporation de la figure paternelle comme Idéal. L'époque de la tragédie laisse la place à celle de la farce. Même le père kafkaïen de la *Lettre au père* se trouve pris dans ce cycle de la farce. Sa voix grave et son regard sévère représentent une contradiction qui les démasque en tant que purs semblants. Ce père fait le contraire de ce qu'il dit. Il exige du fils une cohérence dans son comportement et un respect des règles que lui-même ne pratiquera pas. La déchirure qui le traverse est celle qui détache l'image du père de l'image du maître. D'une part, il est l'incarnation d'une Loi sévère et cruelle qui ne permet pas la dialectique de la reconnaissance entre le père et le fils, mais qui provoque uniquement peur et angoisse en tant que Loi, et en même temps exception à la Loi, absence de la Loi, le père « géant » et « tyran » qui ne reconnaît pas le fils comme un « vrai Kafka » et incarne uniquement une version surmoïque de la Loi (« toujours tu m'as reproché… »). D'autre part, c'est un père, comme l'écrit Kafka, capable de

> « souffrir en silence […] par exemple quand, enfant, je Te voyais dans le magasin pendant les chauds après-midi d'été, T'assoupir les coudes appuyés sur le bureau ; ou, quand le dimanche, épuisé, Tu venais nous rejoindre dans notre lieu de vacances ou encore quand, pendant une grave maladie de maman, je Te vis agrippé à la bibliothèque, secoué par les pleurs ; ou quand, pendant ma dernière maladie, Tu entrais sur la pointe des pieds dans la chambre de Ottla, où j'étais allongé, et Tu restais sur le pas de la porte en tirant le cou

pour me voir dans le lit sans me déranger. Tu te contentais de me faire signe avec ta main[3] ».

Le père kafkaïen en tant qu'incarnation féroce de la Loi semble se réduire en réalité à un pur semblant, bien que sa voix demeure grave et fasse encore peur. Mais n'est-elle pas le balancement le plus commun du névrotique face à l'Imago paternelle ? Celle que, à juste raison, Lacan synthétise dans le paradoxe selon lequel « le parent du même sexe apparaît à l'enfant comme l'agent de l'interdiction sexuelle et, en même temps, comme l'exemple de sa transgression[4] » ?

La peur de la Loi que le père œdipien représente n'impliquerait-elle pas la tendance du névrotique à vouloir la contourner ou à vouloir en montrer la fragilité et toute sa vulnérabilité ? Sous le semblant du père idéal ne trouve-t-on pas toujours le père castré ? N'est-il pas celui-ci le cœur de l'œdipe freudien ? En fait, la névrose est un moyen de faire exister le père idéal précisément parce qu'on a bien vu qu'il n'est pas idéal. C'est une obstination que de vouloir croire au père idéal malgré le père réel. L'idéalisation névrotique de l'imago paternelle essaie de maintenir une version du père que la réalité fatalement contredit : le père idéal n'existe pas et il n'existe pas de père qui ne soit castré. C'est cette vérité structurelle que la névrose entend refouler tout en idéalisant l'image et en voulant croire résolument en sa puissance phallique.

Malentendus de la fonction paternelle

Lacan introduit l'idée du déclin inéluctable du Père et de sa fonction idéale et normative à deux moments cruciaux du XXe siècle : en 1938 et en 1969.

En 1938, l'Europe est au bord du gouffre de la Seconde Guerre mondiale et la saison tragique des grands totalitarismes est à son apogée. En cette année, dans « Les complexes

3. F. Kafka, *Lettre au père*, Paris, Gallimard, coll. « Folio », 2002.
4. Voir J. Lacan, « Les complexes familiaux dans la formation de l'individu », dans *Autres écrits*, Paris, Le Seuil, 2001.

familiaux », Lacan introduit l'image du « déclin de l'imago paternelle » pour montrer comment l'affirmation titanesque des pères fous des dictatures totalitaires était en train de compenser pathologiquement l'affaiblissement du père alors à l'œuvre dans les sociétés occidentales.

La deuxième date est celle de 1969, contiguë de la contestation des jeunes qui trouve son sommet dans les événements de Mai 1968 et qui intéressera non seulement l'Europe bourgeoise, mais aussi tout le monde occidental. Dans une brève note, non sans susciter une certaine surprise auprès de son auditoire habitué à l'entendre théoriser sur le rôle fondamental du Nom-du-Père, Lacan parle de « l'évaporation du père » comme trait constitutif de notre temps dominé par l'affirmation universelle (aujourd'hui, on dirait globale) des marchés communs [5].

Trente ans séparent ces deux formulations de la crise de la paternité, pourtant leur ton se révèle assez semblable. Il s'agit d'une crise irrévocable de la fonction idéale et normative du Père œdipien.

Quels liens existent entre ces deux scènes si éloignées ? Pourquoi Lacan, en deux situations historiques si différentes, annonce-t-il au fond le même événement à propos du destin du Père dans notre civilisation ? À première vue, rien n'est plus incomparable : d'une part, l'affirmation incontestée et délirante d'une imago paternelle totémique qui caractérise la version historiquement déterminée des totalitarismes ; et de l'autre côté, la critique radicale de la société patriarcale, la lutte des fils contre l'autoritarisme bourgeois du père-maître, la lutte des fils contre les pères. D'un côté, l'anéantissement de la singularité et de la différence, de l'autre leur affirmation critique. Mais alors, pourquoi Lacan utilise-t-il des expressions similaires pour définir le destin de la fonction paternelle en parlant du déclin et de l'évaporation du père ? Qu'est-ce qui peut relier l'affirmation titanesque d'un père dont l'image apparaît illimitée et la critique libertaire de sa fonction auto-

5. Voir J. Lacan, « Note sur le père et l'universalisme », dans *Autres écrits*, Paris, Le Seuil, 2001.

ritaire dans la société bourgeoise ? Quelle lecture d'ensemble de ces deux phénomènes, susceptible d'envisager un curieux rapprochement entre eux, pouvons-nous attribuer à Lacan ? Qu'est-ce qu'il entend pointer, ou, mieux, secouer ?

Lacan, me semble-t-il, utilise ces deux figures évocatrices d'un affaiblissement de la figure paternelle (déclin et évaporation) pour souligner l'enjeu radical commun à ces deux tournants dans le cheminement historique de l'Occident. Pour le moment, nous pouvons réduire son raisonnement à une hypothèse générale : *dans l'affirmation du Père-Führer et dans la contestation de la jeunesse à la société patriarcale, on peut retrouver un malentendu fatal de l'authentique fonction symbolique du Père.* Cela n'implique en aucun cas un nivellement historique des différences qui séparent profondément les deux scènes. La critique de la jeunesse étudiante de la société patriarcale et, plus généralement, l'expérience de 1968 ont été un moment fécond de notre histoire pour les raisons que même Lacan reconnaît, se considérant de surcroît, d'après certains, comme l'inspirateur occulte de ce mouvement en France. Au contraire, le culte totalitaire du Père-Duce a produit seulement dévastation et crime.

Le père primitif du totalitarisme

Comment Lacan interpréta-t-il la saison épouvantable du totalitarisme ? Lacan pense le totalitarisme comme une compensation atroce et néfaste de l'émiettement de la fonction paternelle et du tissu familial qui tenait grâce à elle. L'expérience du manque du père et de sa fonction symbolique n'est pas une expérience nouvelle, spécifique au temps hypermoderne, elle caractérisait déjà l'époque de Freud. Audacieusement, Lacan, dans « Les complexes familiaux », essaie de penser que toute la théorisation freudienne de l'œdipe puisse avoir comme arrière-plan cet émiettement de l'imago paternelle et de son pouvoir symbolique. Orphelin de ce refuge, l'autorité paternelle déchue de son rôle de point de repère idéal, solide et inamovible, l'homme occidental cherche d'autres figures autoritaires capables d'offrir fermeté et identité. Le grand corps de la Communauté remplace le démembrement de la famille désormais sans pivot, menacée par la précarité économique et sociale qui succède à la crise liée aux événements de la Première Guerre mondiale. Celui-ci assure un sentiment d'appartenance et de protection de la vie en échange de la renonciation à l'utilisation de la raison critique. L'espace déjà segmenté et désordonné de la famille bourgeoise semble trouver ainsi une recomposition folle dans l'identification à la masse. La carence du père symbolique et l'affirmation des fondamentalismes exaltés sont les deux visages d'une même médaille. L'appel des masses au Père fou et despotique, au Père de la destruction et de la guerre, est un moyen pathologique de compenser la crise sociale de l'imago paternelle. Là où la fonction symbolique du père fait défaut ; là où cette fonction décline et inévitablement s'affaiblit, peut émerger, comme cela est le cas en Orient aujourd'hui avec la renaissance de fondamentalismes fanatiques, une sorte de nostalgie d'une Loi forte, absolue, inhumaine, capable de remplacer l'impuissance paternelle à travers la réhabilitation d'une image folle et toute-puissante du Père. En ce sens, la tentation totalitaire, le mirage de la fusion et de l'harmonie universelle, l'utopie tragique d'une communauté qui avale toutes les particularités et qui annule toute différence sont des façons pathologiques de récupérer la force titanesque et idéale du Père. Mais, en réalité, elles ne font qu'en exhiber le déclin irréversible et révèlent l'amalgame de cette force avec l'ombre terrible d'un matriarcat archaïque et mortifère.

L'essence du totalitarisme est de fait la réhabilitation inconsciente du pouvoir fou d'un Père primitif et possédé se confondant avec le pouvoir cannibale d'une mère qui dévore ses enfants. Donc, si d'un côté, dans la relation totalitaire, l'ombre du Père recouvre le sujet, d'un autre côté, cette chute se produit comme mouvement nostalgique de récupération d'une matrice perdue depuis toujours. Le père primitif du totalitarisme n'est pas seulement le complément nécessaire du père manquant dont Lacan dessine le portrait, il est aussi le prolongement de la relation incestueuse que le sujet entretient insidieusement avec l'imago maternelle originaire.

Le triomphe du discours du capitaliste

Si le déclin du père est l'image que Lacan utilisait pour reconstruire l'arrière-plan psychopathologique sur lequel se détachait la figure toute-puissante du père primitif du totalitarisme, celle de l'évaporation du père est proposée au lendemain de la contestation de 1968 pour définir le processus de la perte de l'autorité symbolique de la figure paternelle ciblée par la critique anti-œdipienne des jeunes étudiants. Le paradoxe est que cette critique coïncide avec l'affirmation du discours du capitaliste qui démantèle toute forme d'Idéal, y compris l'idéal paternel. Le Père-fondement, le Père-garant, dont l'origine révèle une nature profondément théologique et religieuse, le Père-Un, s'est définitivement dissous, évaporé. À partir de cette évaporation, Lacan en France, comme le fera Pier Paolo Pasolini en Italie, note une convergence paradoxale entre le mouvement contestataire et l'affirmation du discours capitaliste.

L'enjeu est la dissolution de la fonction de la Loi de la castration symbolique qui, déjà selon la théorie de l'œdipe de Freud, articulait le désir du sujet à l'expérience de la limite. Privée de ce centre de gravité, la jouissance apparaît, comme l'indique Lacan lui-même, « égarée », sans boussole et ancrages symboliques. La ruse du discours du capitaliste réside dans la capacité à exploiter systématiquement cet égarement. C'était ce que Pasolini synthétisait dans *Lettres luthériennes*[6], en y voyant un tournant historique dans la configuration du pouvoir au moment de l'affirmation du capitalisme : *les individus deviennent des consommateurs.*

La croyance qui anime le discours du capitaliste est double : le sujet est libre, sans limites, sans liens, animé par sa volonté de jouir, enivré par son avidité de consommation ;

6. P. P. Pasolini, *Lettres luthériennes*, Paris, Le Seuil, 2000.

l'objet du désir (objet *a* dans l'algèbre lacanienne) se confond avec une simple présence, avec une Chose, avec une montagne de choses… La bévue soutenue astucieusement par le discours du capitaliste consiste à faire briller de manière illusoire l'objet, non pour rendre possible la satisfaction, mais pour montrer le caractère avide et impossible à satisfaire de la poussée à jouir. Cette illusion refoule le fait que l'impossible à satisfaire ne dépend pas des qualités de l'objet, mais des lois du langage qui annulent irréversiblement la possibilité de retrouver la Chose absolue de la jouissance et qui nous rapprochent donc à une absence, à un manque fondamental.

Ce totalitarisme inédit de l'objet, comme je l'ai défini dans *L'uomo senza inconscio*[7], se fonde sur une particularité paradoxale qui consiste dans son *caractère bifide*. Le discours du capitaliste tient sur la foi idolâtre et fétichiste envers l'objet de jouissance. Il s'agit d'une *foi dans l'objet* comme remède à la douleur d'exister. La théorie des marchandises de Marx avait bien mis en évidence cet aspect. La marchandise s'anime d'une valeur qui ne tient pas compte de son utilisation pour investir la notion plus étendue de l'apparence et du prestige social. Il suffit de penser à la façon dont la sociologie a montré, de manière approfondie, la valeur ajoutée que la figure du *Brand* (la marque) introduit dans la marchandise. La foi en l'objet, que le discours du capitaliste alimente, définit le caractère artificiellement salvateur de l'hyperconsommation. Le salut face à l'angoisse de l'existence et face au travail de désirer ne va pas être poursuivi selon la voie classique de la religion, à travers l'abandon des biens de ce monde, mais plutôt par celle (hypermoderne) d'une consommation qui semble ne plus avoir de limites. Ce salut est factice parce qu'il place le sujet dans une forme d'esclavage à l'égard du pouvoir totalisant de l'objet. L'objet de la jouissance se profile comme consistant, solide, irréductible aux mots, fiable, non soumis à la contingence de l'aléatoire de la rencontre avec l'Autre, comme un partenaire toujours présent,

7. Voir M. Recalcati, *L'uomo senza inconscio*, Milan, Raffaello Cortina, 2011.

asexué, fétiche, décroché de la scène de l'échange symbolique et sexuel de l'autre.

Le caractère bifide de l'objet du discours du capitaliste est représenté par l'amalgame de cette version illusoire de l'objet-marque, de l'objet-marchandise, de l'objet-fétiche, de l'objet-idole, avec l'aspect complètement inconsistant de l'objet de jouissance, qui est précisément un objet caractérisé par une *vacuité de fond*, aléatoire, destiné à se dissoudre en une obsolescence de plus en plus rapide. Cette deuxième spécificité de l'objet de la jouissance, celle de la vacuité, fusionnant avec la première, constitue ce que Lacan définit comme *la ruse fondamentale du discours du capitaliste.* En quoi donc consiste-t-elle ? La ruse est l'entrelacement de la dimension illusoire et de salut promis par l'objet avec sa vacuité de fond qui alimente la machine du discours du capitaliste comme machine de jouissance. Le caractère vide de l'objet – son destin caduc, son obsolescence constitutive – alimente l'insatisfaction permanente à laquelle le discours du capitaliste répond avec l'offre de l'objet comme salut, qui, au lieu de sauver, reproduit la même circularité qu'il promettait de rompre. En ce sens, l'hyperactivité que Lacan lui attribue n'est pas une caractéristique parmi d'autres, mais la condition (« infernale ») de son fonctionnement, qui, pour tenir efficacement le caractère bifide de son objet, doit voyager à une vitesse constamment accélérée. C'est la dimension « maniaque » du discours du capitaliste. Il faudrait donner une plus grande importance à cette figure classique de la psychopathologie. Ce n'est pas un hasard si Lacan décrivait la manie comme un « rejet de l'inconscient ». L'homme maniaque est le prototype de l'homme sans inconscient. Sa condition de *festination* obscène définit ce mélange tragique entre la volatilité perpétuelle et la tendance éminemment mortifère qui caractérise ce type de lien social [8]. Lacan définit les deux

8. La manie pour Lacan, à la différence de ce que pensait Melanie Klein, n'est pas une défense contre la mélancolie en tant que pure manifestation de la pulsion de mort, mais plutôt son visage social, une manifestation pareillement pure de la pulsion de mort.

pivots sur lesquels se fonde le discours du capitaliste comme « forclusion de la castration » et comme exclusion des « choses de l'amour ». Qu'est-ce que cela veut dire ?

La *forclusion de la castration* signifie que la machine du discours du capitaliste ne se structure pas sur la procédure symbolique du refoulement ; elle rejette la limite, le manque, le désir et la division du sujet que le refoulement implique. La jouissance déborde sans limites, sans freins, elle ne s'accroche pas au désir et incite à la consommation dissipative de la vie. En effet, la castration est pour la psychanalyse un moyen de dire la fonction symbolique de la Loi qui a la tâche d'humaniser le désir. En ce sens, la forclusion de la castration est un moyen de dire la pulsion de mort comme pulsion qui conduit la vie vers une jouissance tant illimitée que destructrice. En conséquence, le caractère déshumanisé du discours du capitaliste ne consiste pas uniquement, comme le pensait Marx, en une réduction des facultés humaines à celles animales, en l'homme comme bête de travail, comme pure force-travail, mais dans le rejet du sujet de l'inconscient en tant que sujet du désir, en passant par la forclusion du principe (la castration symbolique) qui rend accessible à l'homme la possibilité même de désirer.

Le deuxième pivot sur lequel s'articule le discours du capitaliste est celui de l'*exclusion des « choses de l'amour »*. Dans mon livre *L'uomo senza inconscio,* j'ai traduit cette expression de Lacan avec l'idée que toute la clinique contemporaine pouvait être conçue comme une *clinique de l'anti-amour* où le sujet, à défaut de déposer dans le lieu de l'Autre ce qu'il a originellement perdu à cause de l'action du langage (qui le sépare irréversiblement de son propre être), préfère refuser le manque qui le constitue et le désir qui en dérive. Il préfère ne pas s'aventurer dans le champ de l'amour, dans cette zone de turbulence qui caractérise fatalement la rencontre contingente et dangereuse avec l'Autre sexe. Il préfère élire un objet inhumain comme partenaire au lieu de, comme le dirait Lacan, situer l'objet perdu dans le champ de l'Autre. Il préfère laisser les « choses de l'amour » de côté. C'est le drame silencieux qui accompagne le triomphe de l'objet dans l'économie dominée par le discours du capitaliste. Il faut noter le poids spécifique de cette coïncidence : l'évaporation du père *coïncide* avec l'exclusion des « choses de l'amour ». L'effacement, le déclin, la chute de sa fonction symbolique *correspondent* à une marginalisation du discours amoureux. Lorsqu'il y a triomphe de la pulsion de mort, de fait, on ne laisse pas de possibilité pour l'amour. La fonction paternelle implique que le désir s'instaure sur le fondement de la Loi de la castration symbolique. Mais si celle-ci s'évapore, la Loi ne s'articule plus au désir. Nous aurons, d'un côté, une Loi sans désir, anonyme, bureaucratique, incapable de laisser une place à l'exception, et de l'autre côté, un désir sans Loi, c'est-à-dire une pulsion à jouir sans horizon, autistique, mortifère, sans aucun lien avec l'Autre.

La forclusion de la castration et l'exclusion des « choses de l'amour », comme effets principaux de la domination du discours du capitaliste, rompent l'alliance entre Loi et désir que la fonction paternelle a en charge de préserver et d'incarner.

Loi, désir et témoignage paternel

Le clivage entre la Loi et le désir

Le désir et la Loi sont les deux mots-clés de la psychanalyse ; ils nous permettent d'aller plus loin dans notre thème d'étude : qu'est-ce qui reste du père, de la fonction paternelle, au temps de son évaporation ? Le lien entre le désir et la Loi définit avec précision la fonction symbolique de la paternité. Lacan l'affirme clairement : « Le père est celui qui sait lier, et ne pas opposer le désir à la Loi [1]. » Pour qu'il y ait le désir, pour que l'existence soit animée par la pulsion du désir, pour que s'exprime la faculté de désirer, il est nécessaire que la Loi existe.

Évidemment, cette loi ne cautionne aucune instance purement répressive, mais définit la condition de possibilité d'existence même du désir. Comment définir cette loi dans le champ de la psychanalyse ? Il s'agit de la Loi qui établit l'alliance avec le désir et que nous appelons Loi de la *castration symbolique.* Nous allons revenir tout au long de ces pages sur la signification de cette alliance que la fonction paternelle est appelée à renouveler.

1. J. Lacan, « Subversion et dialectique du désir », dans *Écrits,* Paris, Le Seuil, 1966.

« Le déclin de l'image paternelle » et « l'évaporation du père » définissent deux différentes versions de la dissolution du lien qui unit la Loi et le désir. Tandis qu'au moment des totalitarismes ce lien se dissout avec le triomphe d'une Loi folle et délirante qui tue le désir – la loi de la Cause incarnée dans le regard hypnotique du chef –, à l'époque hypermoderne le lien se dissout en produisant une pseudo-libération du désir par rapport à la Loi qui finit par cautionner sa dégradation, se transformant en pur caprice, en une jouissance compulsive et déréglée, privée de désir. Si le temps du totalitarisme est le moment de l'identification paranoïaque à la Cause de l'Histoire, de la Nature, de la Race, de l'exaltation d'une Loi universelle idéologique qui anéantit tout désir singulier, le temps hypermoderne est le temps cynique et pervers d'une jouissance qui se veut libre de tout lien, y compris idéologique, c'est une jouissance post-idéologique.

Restaurer l'ordre du *pater familias* ?

Nous avons connu une période où la Loi descendait directement du ciel, de l'essence ou de la parole de Dieu. Nous avons connu la version « théologique » de la Loi. L'époque des sociétés religieuses qui se fondaient sur ce statut de Loi se trouve désormais définitivement derrière nous et la psychanalyse a contribué à la dénonciation des aberrations idéologico-moralistes de ces versions de la Loi. Pourtant, aujourd'hui, les détracteurs les plus intelligents de la psychanalyse l'accusent de récupérer subrepticement ce fondement théologique, à travers la restauration de la fonction normative du père œdipien. Si la Loi empêche le désir de glisser vers l'incohérence dissipative de la jouissance, si la Loi est ce qui pose une limite à l'effervescence subversive du désir, cela ne signifie pas pour autant que la psychanalyse veuille restaurer, en suivant des voies détournées, l'ordre de la morale répressive, patriarcale, d'une Loi qui s'oppose au désir dans le but de l'extirper ou de le rendre adaptable à la réalité. Divers critiques de la psychanalyse ont dénoncé ce danger. La Loi que la psychanalyse invoque lorsqu'elle parle du désir aurait encore une nature théologico-religieuse. Il s'agirait encore de la Loi autoritaire du *pater familias* qui prolongerait celle du Dieu-Père et que l'œdipe freudien repositionnerait au centre de la scène familiale et civile. Au lieu de trouver son soutien dans la Loi, le désir serait encore complètement assujetti à elle. La Loi de la castration serait-elle encore un véritable alibi idéologique pour cacher le fait que l'objectif de la psychanalyse reste celui de réprimer, en le normalisant, le caractère nomade, irrégulier et révolté du désir ? Serait-elle une castration du désir ? Une menace tournée vers le désir pour en réduire le champ d'action ? Ou un commandement répressif destiné à neutraliser l'irrégularité antinormative du désir ?

Ce que ces critiques n'arrivent pas à saisir, c'est la signification profonde de la Loi de la castration comme condition structurelle du désir. Penser la Loi dans son rapport avec la castration ne signifie pas réhabiliter une Loi qui agit contre le désir, mais affirmer que la Loi du désir se bâtit sur la définition d'un impossible. Cet impossible est la jouissance incestueuse, la jouissance de la Chose maternelle comme paradigme d'une jouissance absolue et sans manque qui comporte le refus de l'expérience de la limite. S'il n'y a pas de distance par rapport à cette jouissance absolue, jouissance du plus proche, de la Chose maternelle, s'il n'y a pas d'interdiction symbolique de la nature incestueuse de cette jouissance, alors aucune possibilité n'est donnée au désir pour exister. Pour qu'il y ait désir, il faut nécessairement qu'il y ait une perte originaire, une désidentification, une limite, un éloignement de la Chose maternelle : *la condition structurelle pour accéder au désir implique l'interdit d'accéder à la jouissance absolue de la Chose.* Donc, avant que par le père, c'est ce qui est déterminé par le fonctionnement même du langage et de ses lois. Être immergé dans le langage nous sépare irréversiblement de la Nature et du rêve impossible d'une jouissance qui exclut le filtre de la parole. Pour commencer à parler, rappelait Françoise Dolto, l'enfant doit avoir été sevré, c'est-à-dire qu'il doit avoir perdu une part de jouissance, il doit avoir été séparé de l'objet primaire (le sein) de sa passion orale. Il ne peut pas avoir encore dans la bouche la Chose-sein pour accéder à la fonction symbolique de la parole. L'une exclut nécessairement l'autre : le jeu du désir exige un champ structuré par la Loi de la castration qui, en conséquence, et parce que c'est la Loi qui structure le désir, n'est pas uniquement la Loi de l'interdit, mais avant tout la *Loi comme don de la faculté de désirer.* C'est un point capital : l'interdiction soutenue par le père s'accompagne toujours du don. Toutefois cela n'est pas à entendre dans un sens cognitif-comportemental de la théorie du renforcement de la carotte et du bâton, parce que le don *est déjà présent* comme soutien de l'interdit, il implique déjà l'interdit ; de la même manière, la Loi n'est pas opposition au désir, au contraire, elle est sa condition de possibilité. En ce sens, la Loi instaure la possibilité du désir qui est *déjà* possibilité de l'avenir, possibilité de se séparer de la Chose immédiate de la jouissance, de la jouissance « *unienne* » de la Chose, dirait Lacan.

La Loi comme coupure symbolique

L'interdit promu par la castration annule la possibilité d'une satisfaction immédiate, en séparant le sujet de la Chose, des objets les plus proches, familiers, contigus, et en lui permettant d'entreprendre un chemin plus long, en favorisant la sublimation comme possibilité inédite de la pulsion d'engendrer des objets et des satisfactions nouvelles [2]. Lacan, à un moment donné, a soulevé le problème d'une certaine proximité entre la version de la Loi comme interdiction et don et la Loi biblique [3]. En quoi consiste cette proximité ?

2. L'affirmation que notre temps est celui de la disparition du symbolique et de l'évaporation du père signifie qu'il est de plus en plus difficile de faire exister le caractère vertueux de l'interdit. Cela revient à considérer que la promesse du discours du capitaliste d'un (faux) salut emphatise (incestueusement) la Chose comme proximité, la jouissance immédiate comme structurellement anti-sublimatoire, c'est-à-dire complètement écrasée sur la consommation immédiate de l'objet qui se trouve à portée de main, de bouche, de corps.

3. Voir J. Lacan, « Introduction aux noms-du-père » dans *Des noms-du-père*, Paris, Le Seuil, 2005.

Lacan laisse la question ouverte. Nous pouvons essayer d'isoler au moins quelques raisons de cette paradoxale proximité. La première concerne sans doute la fonction symbolique de la Loi. Le douzième chapitre de la Genèse introduit la voix de Dieu comme appel qui détourne Abraham de la proximité de sa famille, ce que Dieu ordonne est avant tout la nécessité de la séparation :

> « Quitte ton pays, ta parenté
> et la maison de ton père,
> pour le pays que je t'indiquerai. »

Gad Lerner [4], dans son livre *Scintille* – qui est une autobiographie d'une grande intensité, centrée sur le conflit du fils envers le père, le « vrai Lerner » –, rappelle comment dans cet appel résonne « l'ambivalence du sublime biblique ». En effet, « Quitte » s'écrit *Lech lechà*, qui, en séparant les syllabes, *Lech le-chà*, signifie aussi : « Va vers toi-même ! » Ce qu'il compte souligner ici est la convergence dialectique d'un mouvement de séparation avec un autre de découverte. C'est la même dynamique que nous rencontrons dans l'image de l'exode. La découverte de soi implique nécessairement un déracinement, une déchirure, une rupture de l'Un. La même exigence revient avec force également dans le mythe originaire d'Adam et Ève : pour qu'il y ait humanisation de la vie, la coupure symbolique de la castration, la perte de la proximité de la Chose, la séparation de la jouissance incestueuse sont indispensables. En ce sens, la Bible fait dériver le langage même de Dieu. Parce que là où domine la Loi du langage, il y a séparation, il y a l'impossibilité de jouir de la Chose, il y a la vie humaine. En ce sens, Lacan, en se référant à Hegel, affirmait la fonction fatale du symbole dont l'apparition tue irréversiblement la Chose, ouvrant la voie à la pérennité du

4. Gad Lerner est un écrivain, un journaliste et un présentateur de télévision italien. Né à Beyrouth dans une famille juive d'origine multiethnique, il est l'auteur de nombreux essais, dont *Operai* (1988), *Il millennio dell'odio* (2000) et *Tu sei un bastardo*, un pamphlet sur le métissage social et culturel actuel. Dans son dernier livre, *Scintille, Una storia di anime vagabonde*, il évoque son retour en Ukraine et au Liban (Milan, Feltrinelli, 2009).

désir [5]. Qu'est-ce que décrit le premier chapitre de la Genèse sinon cette dialectique centrée sur la nécessité d'une coupure originelle qui fonde la possibilité de la vie humaine ? La même coupure qu'on retrouve dans l'appel adressé à Abraham : « Quitte ton pays [...] et la maison de ton père. »

La parole du père, on l'a vu, est trauma. Ce trauma est bénéfique parce qu'il bouleverse la tendance incestueuse de l'être humain. Il s'agit du trauma de l'exil de la Chose qui constitue l'humain, le « parlêtre », dirait Lacan. Tout comme la Loi de la castration symbolique, la Loi biblique ne peut pas être réduite à un ensemble de règles, elle ne peut pas être écrasée sur un registre purement normatif. La Loi symbolique assure avant tout le respect envers l'impossible. Elle définit une limite infranchissable, qui, selon Lévi-Strauss, rend possible l'ordre de la famille, des générations et de l'échange sexuel : on ne peut pas jouir du plus proche, on ne peut pas accéder à la jouissance absolue de la Chose maternelle ! L'exode est nécessaire au désir. Dans le texte biblique, Dieu interdit à Adam et à Ève l'accès direct au problème du bien et du mal en leur défendant de consommer les fruits de l'arbre de la connaissance. Cependant, cela ne signifie pas mortifier l'esprit de la connaissance, mais empêcher qu'il ne se transforme en l'illusion de posséder une connaissance sans limites, éviter de faire de la connaissance un processus d'appropriation illimité du mystère de la vie. Cette interdiction résonne telle une impossibilité à supplanter l'expérience de la limite et non, donc, comme frustration de la connaissance – plutôt comme sa condition. Ce n'est pas un hasard si le livre de la Genèse abonde de personnages dont l'arrogance humaine revendique pour elle-même le pouvoir de transcender toute limite. Le personnage d'Ève, celui de Caïn, ceux des hommes disparus dans le Déluge et des hommes en train de construire la tour de Babel sont tous des personnages qui ne savent pas respecter le sens de la limite. Comme cela a été noté avec raison, la fusion incestueuse d'Ève et Caïn empêche ce dernier de tolérer toute sorte de frustration, le

5. Voir J. Lacan, « Fonction et champ de la parole et du langage », dans *Écrits, op. cit.*

poussant jusqu'à la violence assassine. Objet de l'inceste maternel d'Ève, Caïn ne peut que devenir l'assassin de son frère[6]. De cette façon, comme le rappelle Lacan, Caïn essaie de détruire la source de son aliénation en tentant d'éliminer physiquement l'Autre qui l'empêche de réaliser une autosuffisance sans dettes. Le geste de Caïn peut ainsi trouver son fondement en celui de Narcisse : refuser la limite, le statut lésé de l'existence, se perdre dans sa propre image, pour effacer la différence[7].

Le défi à Dieu

Dans le texte biblique, l'incestualité, la violence, l'arrogance, le délire d'autosuffisance, la superbe anthropocentrée définissent la forclusion de la castration symbolique qui anime la tendance de l'être humain à rejeter toute forme de dette à l'égard de l'Autre. Le défi à Dieu est leur dénominateur commun. Du point de vue de la psychanalyse, c'est un défi aux lois du langage dont l'activité sanctionne une perte irréversible irréversible à l'origine de l'humanisation de la vie : on ne peut pas jouir de tout, on ne peut pas tout avoir, on ne peut pas tout savoir. Enfin, on ne peut pas dominer le mystère de la vie et de la mort. La rencontre avec la vie et avec la mort barre tout savoir et dévoile l'inconsistance structurelle du grand Autre. C'est la position du personnage de Walt dans le film *Gran Torino* de Clint Eastwood (2008) quand, interrogé par le curé sur la vie et sur la mort, il affirme qu'il n'existe aucun savoir absolu – encore moins celui du dogme religieux – capable d'en dominer le sens, mais que la vie et la mort définissent plutôt la limite de tout savoir. En ce sens, la transmission du désir d'une génération à l'autre ne peut pas se passer comme la réalisation d'un programme cognitif ou comme l'effet d'une rhétorique

6. Pour cette interprétation du livre de la Genèse, voir l'intéressante conversation entre J.-P. Lebrun et A. Wénin, dans *Des lois pour être humain*, Toulouse, érès, 2008, p. 75-81.

7. L'interprétation du geste de Caïn comme tentative de détruire le siège de sa propre aliénation se trouve dans J. Lacan, Le Séminaire, Livre I (1953-1954), *Les écrits techniques de Freud*, Paris, Le Seuil, 1991.

pédagogique, parce que chaque transmission se fonde sur un impossible : l'impossibilité de gouverner le mystère absolu de la vie et de la mort, l'impossibilité de détenir un savoir certain sur ce que signifie vivre et mourir. C'est uniquement autour de ce vide de savoir, cet impossible à savoir, qu'une transmission peut se produire. Ce qui reste du père au temps de son évaporation est exactement ce qui sauvegarde ce vide. Un père du témoignage ne peut transmettre ce qu'est une vie juste ou le critère universel du bonheur, parce que personne ne possède ce savoir. Ce qu'un père du témoignage peut transmettre éventuellement est *l'impossibilité même de ce savoir.* Parce que c'est seulement avec cette impossibilité en arrière-plan que s'ouvre la possibilité d'incarner son propre désir comme vital et capable de fructifier. Si, au contraire, cet impossible est écarté, forclos, contourné au nom d'un savoir sur la vie et sur la mort totalisant et sans défauts, il n'y a aucune transmission, mais seulement persuasion idéologique.

La référence aux versets de la Genèse dédiés à la tour de Babel peut se révéler être un véritable paradigme de cet aboutissement paranoïaque et fondamentaliste du savoir. Dans l'histoire de la tour de Babel, on trouve au premier plan la superbe arrogante des humains décidés à dépasser toutes limites en s'appropriant le lieu de la transcendance, avec le sommet vertigineux de la tour, le lieu même de Dieu. Les hommes mobilisés dans cette entreprise voudraient « se faire un nom » sans passer par l'Autre, dans le sens de se faire soi-même, de se faire tout seul, de se faire sans le support de l'Autre. En suivant cette poussée arrogante de « se faire un nom » de soi-même – dont une utilisation hypermoderne pourrait être l'expression du toxicomane « je me suis fait » –, les hommes qui bâtissent la hauteur surhumaine de la tour visent à réaliser une société totalitaire de laquelle l'Autre serait exclu. Leur façon d'habiter la terre ne reconnaît pas le manque. Se faire un nom de soi-même signifie refuser les lois du langage qui imposent au contraire que le nom propre soit attribué par l'Autre, cela signifie, comme le note Silvano Petrosino, pratiquer un véritable « fétichisme du nom ». Les hommes de la tour de Babel – comme Caïn – refusent toute forme d'aliénation – y compris celle que le nom établit – parce qu'ils exigent l'assimilation à la puissance divine de l'Autre. Le rapprochement à Dieu a pour but – comme pour Ève et Adam – de s'élever comme maîtres du Nom, donc sans limites, sans les liens imposés par les Lois du langage, par la Loi de l'Autre. Dans le texte biblique, le langage vient de Dieu, pourtant les hommes de Babel entendent exploiter le pouvoir magique d'une langue qui devrait abolir toute différence horizontale pour faire exister un Un vertical qui, au lieu d'habiter la terre, défie le pouvoir de Dieu. Faire un seul peuple et avoir une seule langue – comme le récite la Genèse – signifie, en fait, vouloir s'assimiler à l'Un du Créateur pour exclure la limite et la différence, pour rejeter la castration symbolique, et refuser la condition de déracinés, d'égarés sur la face de la terre. La poursuite du rêve impossible d'une langue (comme le serait celle de Dieu) en rapport direct avec la Chose efface l'idée que toute langue n'est rien d'autre qu'une traduction possible de l'impossibilité de dire, de nommer la Chose.

Dans la Bible, comme on le sait, seule l'intervention de Dieu, de la Loi, réveille les Babéliens du rêve totalitaire de l'Un – le rêve d'un seul peuple et d'une seule langue – en ramenant l'humain au multiple et à l'absence du Un, le dispersant sur toute la surface de la terre. La psychanalyse pense que lorsque l'expérience de la limite est refusée le rêve de l'Un devient délire paranoïaque et impose que la langue comme adhésion parfaite de la parole à la chose – qui, si elle existait, serait la langue de Dieu – est impossible à atteindre parce que entre le langage et la chose existe un *hiatus* impossible à combler, que Lacan nomme le « réel [8] ».

8. Un commentaire très inspiré des versets de la Genèse dédiés à la tour de Babel, dont je suis débiteur, se trouve dans S. Petrosino, *Babele. Architettura, filosofia e linguaggio di un delirio*, Gênes, Il melangolo, 2003 et dans S. Levi della Torre, *Zone di turbolenza. Intrecci, somiglianze, conflitti*, Milan, Feltrinelli, 2004.

Interdiction et don

Pour essayer de mieux comprendre le lien qui unit le désir de la Loi et qui maintient l'authentique fonction symbolique de la paternité, reprenons rapidement l'œdipe freudien ainsi que Lacan nous aide à le conceptualiser et à le repenser dans Le Séminaire, Livre V[9]. Lacan repère trois temps fondamentaux de l'œdipe. Le premier est celui de *l'illusion phallique.* C'est le temps d'une séduction réciproque, l'enfant se positionne comme celui qui comblera le manque de la mère, comme un enfant-bouchon, un enfant-phallus, tandis que la mère voudra le dévorer, l'avaler, phagocyter son existence, la rendant identique à elle-même. Elle fera de lui l'objet capable de combler son propre manque. Cette illusion (que Lacan définit comme *perversion primaire*) est profondément incestueuse parce qu'elle annule la différence entre les deux et parce qu'elle implique le dépassement d'une limite : la limite de la castration qui rend les existences de la mère et de l'enfant comme habitées par un manque fondamental. Si le désir incestueux et cannibale de la mère peut être illustré – comme le propose Lacan dans Le Séminaire XVII – avec la bouche grande ouverte d'un crocodile, la pulsion orale de l'enfant peut être illustrée – comme le propose encore une fois Lacan dans Le Séminaire X – avec l'image tout aussi insidieuse d'un vampire qui parasite le corps maternel. Mère-crocodile et enfant-vampire sont donc les protagonistes d'un lien incestueux qui nie la différence et refuse la castration. Leur folie phallique consiste à faire bloc, corps unique, proximité spéculaire, absence de séparation[10]. Si le

9. Voir J. Lacan, Le Séminaire, Livre V (1957-1958), *Les formations de l'inconscient*, Paris, Le Seuil, 1998.

10. Il faut souligner, pour ne pas paraître trop hâtifs, que la mère n'est pas uniquement une « bouche de crocodile grande ouverte », facteur incestueux et de mort, folie phallique. La psychanalyse reconnaît à la fonction maternelle bien d'autres attributs. Ceux, par exemple, de rendre les soins non anonymes, donc de savoir singulariser l'amour pour son propre enfant, de rendre possible sa reconnaissance originaire en lui permettant un premier accès au langage. Nous savons aussi que le processus de séparation s'active avec la force symbolique nécessaire seulement si une mère sait préserver son être femme comme excentrique au fait d'être devenue mère. En effet, c'est son être femme qui rend son « être mère » un *pas-tout mère,* permettant ainsi à l'enfant de se séparer de son adhésivité

premier temps de l'œdipe est celui de la confusion symbolique et de l'indésidentification incestueuse, le deuxième temps est celui de l'apparition traumatique de la parole du père. Cette parole est traumatique en un sens bénéfique parce qu'elle réveille le couple enfant-mère de son sommeil incestueux. La proximité des corps et des jouissances se brise en introduisant une discontinuité qui laisse une place au désir singulier de chacun. Plus précisément, la parole du père intervient en prononçant deux avertissements distincts. Le premier adressé à la mère : *tu ne peux pas dévorer ton fruit !* Le second adressé à l'enfant : *tu ne peux pas retourner d'où tu es venu !*

L'effet de ces deux avertissements est un décollement bénéfique qui ne mortifie pas la relation maternelle, mais la vivifie en la soustrayant à l'amalgame nécessairement incestueux de l'identification indifférenciée à son propre enfant. Lacan précise aussi que la force de la parole paternelle ne se base pas sur une autorité qui dépasse le champ de la relation avec la mère. Au contraire, ce sera précisément la parole de la mère à attribuer ou non la juste autorité symbolique à la parole du père. Ce sera la façon dont la mère parlera du père à ses enfants qui donnera une autorité à la parole du père et elle sera en relation étroite avec la parole maternelle.

La venue de l'interdiction paternelle, du « non ! », de l'avertissement qui interdit la séduction narcissique du couple mère-enfant, qui détourne l'enfant du « service sexuel de la mère », est traumatique parce qu'elle casse l'illusion de la continuité entre l'Un et l'Autre. En ce sens, nous pouvons assimiler la parole du père à la Loi symbolique qui interdit l'inceste en rendant possible le pacte social. Pour cette raison, le jeune Lacan, dans « Les complexes familiaux », place le père comme absolument analogue au concept de sublimation. Le sujet peut

symbolique à la mère. Toutefois, la psychanalyse reconnaît que cet amour, l'amour maternel, doit rencontrer le trauma de la parole du père pour qu'il ne se produise une névrose affective qui empêche ou retarde de manière pathologique la séparation. De ce point de vue, l'interdiction paternelle de l'inceste condense l'intervention du père sur la scène de l'amour maternel comme une intervention de rupture destinée à produire une suspension du cannibalisme réciproque de l'enfant et de la mère, à casser la continuité de leurs corps et à invoquer un horizon vital au-delà de leur abandon réciproque.

accéder à la réalité sociale, seulement si la rupture du couple incestueux a eu lieu. En d'autres termes, le sujet peut devenir capable de création et, donc, de sublimation. La pulsion ne sera plus liée de manière rigide au corps maternel, mais pourra suivre les voies plus longues et inédites de la propre satisfaction du sujet. L'identité entre le père et la sublimation montre que la séparation traumatique d'avec la proximité de la Chose maternelle rend possible la subjectivation, la différenciation et la singularisation du sujet. Lorsqu'on insiste sur le caractère traumatique de cette séparation, c'est pour mettre en évidence que quelque chose dans cette séparation est perdu de manière irréversible et que le mouvement du désir – qui dérive de cette perte – répondra inévitablement en manifestant une tendance nostalgique, un regret pour la rupture du lien maternel.

Toutefois, la fonction paternelle ne peut pas se dissoudre dans l'exercice de l'interdiction. Dans ce cas, il n'y aurait pas de possibilité de transmission du désir. C'est le problème qui a caractérisé la relation entre Franz Kafka et son père. Le père de Franz faillit à la dimension de la reconnaissance en se limitant à une application impitoyable de la Loi. Il n'y a pas de reconnaissance de l'Autre mais effroi, terreur, panique face à la volonté traumatique de l'Autre. Ce qui est transmis ici est uniquement l'interdit sans le don. La Loi occupe (comme nous pouvons le dire d'une armée) le territoire du désir. Ce défaut de transmission va assumer la forme de l'inédaquation de son corps : Franz ne se sent pas un « vrai Kafka », précisément à partir des traits de son propre corps.

> « Son corps suffisait à m'opprimer. Je me rappelle, par exemple, que souvent nous nous déshabillions dans la même cabine. Moi, maigre, fin, fluet, Toi, vigoureux, grand, gros. Déjà dans la cabine j'avais de la compassion pour moi-même, et non seulement en face de Toi, mais aussi face aux autres parce que tu étais pour moi la mesure de toutes les choses [11]. »

L'échec de la transmission se produit lorsque la dette symbolique revêt les caractères d'une dette sacrificielle et, comme pour Kafka, lorsque le père incarne un sacrifice qui

11. F. Kafka, *Lettre au père*, Paris, Gallimard, 2002.

exige un acquittement. Il devient le représentant d'une dégénération surmoïque de la paternité qui écrase le don sur la dette en réduisant le statut du fils à celui du « mendiant » à qui on reprochera toujours « de vivre heureux uniquement grâce à Ton travail, sans privations, en paix, dans la chaleur et l'abondance[12] ».

Afin d'éviter l'échec de la transmission, il est nécessaire que l'interdiction s'intègre au don. Si dans le deuxième temps de l'œdipe la parole du père ne peut se configurer qu'avec sévérité, capable d'introduire une limite et de castrer la satisfaction incestueuse, ce temps, le temps de la Loi comme pure interdiction, ne peut aucunement épuiser le devoir de la fonction paternelle. Nous avons ici la partie la plus originale et la plus inspirée de la réflexion de Lacan, qui nous introduit à une nouvelle version de la paternité. Ce qui est mis en évidence chez Lacan, par rapport à Freud, c'est la nécessité que l'introduction de la Loi ne soit pas suffisante pour définir et épuiser la fonction symbolique du père. Le père sévère de l'interdiction symbolique n'est pas le seul visage du père. À côté de la représentation normative du père, il faut ajouter celle du père donneur, permissif, qui n'interdit pas, mais qui confère le droit au désir. Il ne s'agit pas du père comme représentant de la Loi, mais comme *l'incarnation d'une possible alliance entre le désir et la Loi*, du père comme celui qui sait unir le désir à la Loi, pour reprendre à la lettre la formule de Lacan.

Si le père de l'interdiction est le père castrateur de la jouissance (incestueuse) en lui imposant une limite symbolique, le père donneur est le père qui compense cette renonciation à une jouissance immédiate par l'offre d'une identification idéalisante, plus précisément, à travers la transmission du droit de désirer son propre désir[13].

12. *Ibid.*

13. En termes freudiens, le père donneur serait celui qui rend possible la constitution de l'Idéal du moi du sujet, comme un Idéal qui va être prélevé chez l'Autre – sous l'effet d'une identification symbolique – et capable de donner au sujet une certaine stabilité narcissique et la faculté de désirer.

Le désir sans la Loi tend vers la dissipation, l'excitation sans bornes, la dispersion déréglée de la jouissance pulsionnelle. Lorsque le désir se décroche de la Loi, il précipite dans une dérive mortifère, il devient un désir dissipatif, écrasé sur la satisfaction immédiate privée de la médiation du fantasme inconscient. Lorsque désir et Loi divorcent, il y a le Mal, la destruction, la dissipation de la vie. D'autre part, la Loi sans le désir peut générer uniquement répression, oppression, pouvoir disciplinaire, avilissement de la vie. Elle devient une Loi inhumaine qui s'impose comme un commandement impitoyable sur le sujet. Entre ces deux voies se produit ce que nous pouvons définir comme *l'altération surmoïque de la fonction paternelle.*

Le surmoi est, en effet, le nom que la psychanalyse donne à cette discordance pathologique entre le désir et la Loi. Il s'agit là du nom du divorce irrémédiable entre la Loi et le désir. Kant et Sade sont les deux noms propres de ce divorce. D'une part, l'exaltation du devoir être tel l'impératif moral qui anéantit la dimension vitale du désir ; de l'autre, le dégagement d'une volonté de jouissance qui refuse toutes les limites et finit par se mélanger avec la tendance pure et désastreuse à la mort. Lorsque la Loi et le désir perdent leur pivot commun et agissent comme deux absolus privés de dialectique, ils ne peuvent donner naissance qu'à des dérives mortifères de la Loi [14].

14. Le problème de la nature du surmoi est une véritable énigme pour Freud : un héritier ou un usurpateur de l'œdipe ? D'une part, Freud le situe du côté de ce qui, légitimement, hérite de la fonction normative de l'œdipe, étant donné que le surmoi indiquerait le mouvement d'intériorisation de la Loi. Mais d'autre part, Freud n'hésite pas à penser que ses racines s'enfoncent dans le terrain de la pulsion de mort. Et donc, il pose le surmoi en tant qu'usurpation, une aberration de la Loi, comme une sorte de déshumanisation. La Loi du surmoi, qui, différemment de celle du Père, montre une Loi incapable de faire des exceptions, et tendanciellement paranoïaque. Le surmoi en effet, comme le « Big Brother », voit tout. Le regard du surmoi, théorise Freud, traverse le sujet de part en part. Il lit ses intentions inconscientes. Il n'y a aucun endroit caché pour ce regard féroce qui hérite de celui, terrible, du Dieu de la culpabilité dont parle Nietzsche dans *Ainsi parlait Zarathoustra.* Le regard persécuteur qui enfonce l'homme dans la honte en le rendant l'homme le plus mauvais de la terre à ses propres yeux. Le surmoi, précise Lacan, est une Loi sans dialectique, donc inhumaine, incapable de s'accorder au désir. Sa cruauté moraliste n'a d'égale que son irrévocabilité. C'est

Le troisième temps de l'œdipe va permettre la transmission du désir. L'interdiction est la condition de la transmission, mais ne réalise pas en soi la transmission du désir. Pour qu'il y ait transmission sont nécessaires, avec l'interdiction, le don, la promesse et la foi. Le père du troisième temps de l'œdipe est un père pleinement humanisé, il n'est plus le père-trauma de l'œdipe freudien, le père de la Loi symbolique qui interdit l'inceste. Nous nous trouvons face à une autre version du père. C'est le père qui sait unir le désir à la Loi.

Mais comment se produit ce passage, comment se réalise cette union ? Si un père veut incarner la Loi, s'il se pose en tant qu'éducateur, comme un père qui *coïncide* avec la Loi, il ne peut alors que donner vie à un système répressif fondé sur un pouvoir disciplinaire. Cela ne peut que dégénérer vers une version surmoïque de la Loi. L'histoire de nombreux sujets psychotiques – comme celle du célèbre président Schreber, étudié par Freud, Canetti et Lacan – est dominée par la présence persécutrice d'un Père qui se pose en tant qu'éducateur, dont l'existence coïncide avec celle de la Loi même.

Le témoignage du désir

Dans mon livre déjà évoqué, *L'homme sans inconscient*, je m'interrogeais sur le problème de ce qui reste du père à l'époque de son évaporation en individualisant, dans le champ spécifique de la psychanalyse, deux solutions que je considère comme également insatisfaisantes. La première est celle du retour nostalgique au père œdipien comme fondement et garant de la Loi. La deuxième est celle de l'exaltation du cynisme matériel de la pulsion.

La première solution soutient la nécessité d'une récupération de la centralité du Père œdipien et de sa fonction normative et idéale. Sans se référer au lieu de l'Autre comme

---

toute la valeur que Lacan accorde à la version kleinienne du surmoi, archaïque, insensible au désir, tyrannique et sadique.

lieu tiers, le programme de la civilisation perd son orientation et se disperse dans la violence et sa répétition compulsive [15].

La deuxième voie revendique avec orgueil la participation de la psychanalyse à la déconstruction du mythe du Père œdipien et de sa fonction idéale, et reconnaît le fait que ce qui reste du père à l'époque de son évaporation est uniquement le réel de la pulsion et la jouissance cynique et matérielle que ce reste implique [16].

Donc, pendant que la première solution réhabilite le Nom-du-Père comme signifiant qui garantit l'unité et la tenue de l'ensemble des signifiants, étant lui-même l'exception transcendantale de ce même ensemble, le lieu tiers qui en permet le fonctionnement, la deuxième constate que ce signifiant s'est vidé de son sens et que ce vide, si assumé de manière radicale, peut ne pas être une perte, mais plutôt un gain. Sans le centre de gravité que constitue le Nom-du-Père, le sujet peut expérimenter avec plus de liberté les ressources de la pulsion et de sa volonté de jouissance. Si la première option finit par regretter le Nom-du-Père et sa fonction normative, la deuxième finit par exalter le vide que son évaporation nous a transmis en héritage et se console avec la constatation que la perte irréversible du fondement paternel et sa conséquente perte de la valeur de l'expérience du sens permettent une circulation de la force pulsionnelle comme force affirmative.

À mon avis, la voie qui soutient la nécessité d'une récupération de l'autorité symbolique de la Loi et la voie qui salue l'évaporation du père comme une occasion de manifester la force positive de la pulsion dessinent une bifurcation stérile.

L'idéalisme œdipien du Nom-du-Père et le cynisme matérialiste m'apparaissent comme les deux faces de la même

---

15. Une réflexion comme celle de Charles Melman, riche et proche des différentes thèses de *L'homme sans inconscient*, me semble aller dans cette direction. Voir C. Melman, *L'homme sans gravité. Entretiens avec Jean-Pierre Lebrun*, Paris, Gallimard, coll. « Folio », 2005.

16. L'œuvre de Jacques-Alain Miller, qui constitue une lecture magistrale de l'enseignement de Lacan, tend, malheureusement, à avaliser ce résultat. Voir J.-A. Miller, « Les paradigmes de la jouissance », *La cause freudienne*, n° 43, 1999.

médaille. Nous ne pouvons pas envisager la restauration du caractère transcendantal et normatif du Nom-du-Père, parce que le rêve de restaurer l'autorité religieuse du *pater familias*, l'essence théologique de son pouvoir, est impraticable. Mais on ne peut pas assumer non plus, dans le réel de la pulsion et dans le symptôme qui en réalise la jouissance, la seule forme possible de dépassement de l'horizon œdipien du Père. Le problème est plutôt celui d'éviter le regret nostalgique pour la version œdipienne de la Loi – soutenue par le caractère universel de l'Idéal – sans tomber dans une adhésion collusoire et acritique aux promesses de « sauvetage » astucieusement mises en jeu par le discours du capitaliste et son exaltation de la jouissance pulsionnelle la plus immédiate.

Dans *L'homme sans inconscient*[17], je me référais à une troisième voie qui se trouve à égale distance entre la récupération nostalgique du Nom-du-Père et l'éloge cynique du réel de la pulsion. Cette troisième voie montrerait que ce qui reste du père tend à s'incarner en un témoignage singulier, régi uniquement sur l'acte, tout autant singulier que celui qui le produit et totalement décroché de la fonction transcendantale du Nom-du-Père. Ce qui reste du père n'est pas le cynisme de la jouissance symptomatique, ni le regret de l'Un idéal comme fondement du pacte social. Ce qui reste est donc le père vivant, incarnation singulière du désir dans son alliance avec la Loi, témoignage singulier de comment on peut garder unis Loi et désir.

Comment réussir la transmission du désir ? Que signifie hériter de la faculté de désirer ? À l'époque hypermoderne où le lien entre le désir et la Loi a perdu tout fondement universel et idéologique, comment est-il possible de faire exister ce lien, de le transmettre, de le rendre opérant pour la vie ? Le père du troisième temps de l'Œdipe, comme nous l'avons vu en suivant Lacan, n'est aucunement un père normatif. Il n'est pas un père qui se limite à utiliser la Loi comme barrage à la jouissance incestueuse. C'est un père qui sait incarner, dans sa propre existence singulière, la passion du désir, et c'est

17. M. Recalcati, *L'uomo senza inconscio*, Milan, Raffaelo Cortina, 2011.

parce qu'il sait l'incarner, qu'il peut aussi la transmettre. Mais, que signifie incarner la passion du désir dans sa propre existence ? En premier lieu, cela veut dire pouvoir en témoigner. Et qu'est-ce que serait un témoignage efficace du désir ? Il n'existe aucun témoignage exemplaire ou universel. Au contraire, l'intention de donner le bon exemple est souvent source de moralités autoritaires et idéologiques. La vérité qui se transmet avec un témoignage est nécessairement affaiblie, parce qu'elle ne peut pas vanter des modèles exemplaires ou universels. En ce sens, tout témoignage est nécessairement singulier (ce qui n'exclut pas qu'il puisse trouver des incarnations possibles dans les institutions, les mouvements collectifs, les associations…) puisqu'il paraît excentrique et anarchique par rapport à une quelconque rhétorique pédago-éducative. Le témoignage est également radicalement dissocié de l'Idéal. Il implique comme arrière-fond nécessaire une chute, une éclipse de l'Idéal. Le père qui se pose en tant que témoin exemplaire de ce qui doit être une vie juste est encore une fois le père terrible de la psychose. Il représente, encore une fois, uniquement la version paranoïaque de l'autorité paternelle.

Si j'accorde toute cette attention à la catégorie du témoignage, c'est parce qu'à notre époque, nous nous trouvons face à une crise de l'Idéal œdipien comme version transcendantale de la Loi. Si l'autorité symbolique de cette Loi est irréversiblement en crise, le pouvoir nécessaire de l'interdit ne pourra plus être confié à des institutions fortes (la famille, les partis, l'État, l'Église), autosuffisantes, soutenues par la puissance verticale de l'Idéal. Il s'agit plutôt de récupérer la fonction symbolique de l'interdit, mais seulement sur l'échelle renversée du don. En d'autres termes, si la Loi symbolique de la castration semble ne pouvoir vanter aucune crédibilité face à un système social qui sponsorise la jouissance immédiate comme seule forme de « devoir », si cette Loi n'est plus soutenue avec efficacité par des institutions idéologiquement fortes, ce qui reste du père est la dimension incarnée du témoignage. Cela signifie que le pouvoir symbolique de l'interdiction – dans son alliance constitutive avec celui du don – va être récupéré uniquement par la voie singulière de l'acte, du témoignage justement parce qu'il ne peut plus se fonder sur l'universel de l'Idéal – qui n'est plus – mais seulement sur l'éthique d'une responsabilité singulière. En ce sens, le témoignage ne privilégie pas l'imago de *l'autoritas paterna*, mais assume éthiquement toutes les conséquences du déclin de sa valeur transcendantale.

À l'époque de l'évaporation du père, la référence au père comme facteur de genre évapore aussi. Pour cette raison, Lacan théorisait que la fonction paternelle peut être assumée par « n'importe quoi ». Mais un n'importe quel tiers qui sache répondre (la responsabilité du témoignage implique une réponse éthique) au problème non résolu (et insoluble) du désir.

En ce sens, le témoignage est avant tout, *non pas témoignage de ce que le désir est en essence, mais de ce que peut être une existence de désir.* Il est l'incarnation très singulière du désir. Un père qui est tenu par le fait de donner un témoignage de son propre désir peut le faire seulement sur l'arrière-fond d'un non-savoir. Un père ne peut pas être quelqu'un qui, comme le disait un jeune patient à propos de son père, « a une réponse pour tout ». C'est plutôt quelqu'un qui sait que le savoir ne renferme jamais de manière adéquate le mystère de l'existence et de sa contingence illimitée. La conscience qu'aucun savoir ne peut répondre exhaustivement au mystère de la vie, que rien n'est totalité, est ce qui rend néanmoins possible la vie elle-même. La fonction du père sauvegarde le vide, le non-savoir, sans une intention d'anéantissement, mais comme condition de la transmission du désir. C'est la fonction qui oppose une réponse singulière à l'impossibilité d'accéder à un savoir total sur l'existence. Si le savoir est troué, s'il est habité par un manque qu'il ne peut pas assumer, alors le père n'est pas celui qui soutient l'illusion qu'un savoir complet sur l'existence peut exister, mais celui qui répond à ce trou, à ce vide de la structure, par l'acte singulier de son propre désir. C'est ce que nous pouvons attendre de ce qui reste du père au temps de son évaporation : un acte, un témoignage singulier sur son propre désir, une solution incarnée de l'énigme irrésolue de la vie et de la mort.

Tandis que le Père œdipien peut encore compter sur la valeur de l'Idéal, ce qui reste du père, son acte singulier, ne peut plus s'appuyer sur l'Idéal, il ne produit aucun modèle et ne peut trouver refuge dans les versions « religieuses du Père ». Cet acte singulier est l'acte d'un don à perte, c'est une force générative qui se réalise sur l'arrière-fond d'une impossibilité : impossibilité de garantir la transmission du désir en la soustrayant aux risques de la dissipation et de l'errance, impossibilité de savoir ce qu'est la vie, de dire ce qu'est le bonheur.

Nous découvrirons dans la deuxième partie de ce livre, à travers des auteurs tels que Philip Roth, Cormac McCarthy et Clint Eastwood, quelques figures possibles de cet acte singulier où ce qui reste du père ne se manifeste plus comme ordre transcendantal de la Loi, mais comme ordre singulier et éthique du témoignage.

Le lien familial à l'époque de l'évaporation du père

La métamorphose de la famille

La famille contemporaine semble ne pas avoir de centre de gravité, elle semble stratifiée, désordonnée, privée de noyau et tendant à assumer les organisations les plus diverses : adoptions, augmentation des séparations conjugales et des nombreuses stratifications des liens entre différents groupes familiaux qui en découlent, grossesses confiées à l'extérieur du couple, familles monoparentales, adoptions par des couples homosexuels, inséminations artificielles. Ce sont tous ces phénomènes hypermodernes qui ont morcelé le modèle de la cellule familiale occidentale.

La famille composée d'un couple hétérosexuel avec un enfant, fondée sur le lien du mariage et destinée à durer toute une vie, n'est plus un modèle suffisant pour décrire la configuration actuelle du lien familial.

Toutefois, si la famille en tant qu'institution culturelle est assujettie à l'histoire et à ses transformations, sa fonction éducative ne s'efface pas, car l'accueil de la vie et l'humanisation restent destinés au lien familial. L'instinct maternel ou paternel pur n'existe pas. Le corps est fabriqué par les lois symboliques de la culture. Dans le monde animal, on trouve aussi certaines formes d'agrégat social, mais elles ne correspondent pas à un lien familial comme pour les humains, parce que le rôle de ce lien n'est pas uniquement de protéger et de faire grandir la vie, mais de rendre effective l'humanisation. La famille n'exprime pas un ordre naturel des choses, mais se structure sur l'émancipation de la nature ; c'est l'acte symbolique de l'interdiction de l'inceste qui, selon Lévi-Strauss, fonde la famille comme lien humain et rend possibles la loi de l'échange des femmes et l'identité même du groupe familial. De ce point de vue, pour qu'il y ait lien familial, la présence biologique d'une hérédité génétique n'est pas suffisante – par exemple, ce n'est certainement pas le spermatozoïde qui définit ce qu'est un père. Cela signifie que le lien familial ne dérive pas du sang mais d'un acte symbolique qui assume toutes les conséquences d'un événement biologique comme celui d'une naissance.

Alors, comment transformer un événement purement biologique – la naissance d'une vie – en un événement humain ? Comment humanise-t-on la vie ? Le lien familial répond avant tout à cette grande question. Et la nécessité de cette réponse ne tient pas compte des transformations historiques et sociales qui investissent l'institution culturelle de la famille. « Il y aura toujours du lien familial autour de la naissance », déclarait Jacques Derrida dans une conversation avec Élisabeth Roudinesco. Il y a lien familial là où il y a la présence de cet acte de prise en charge symbolique. En ce sens, la paternité, comme l'affirmait Françoise Dolto, est nécessairement un acte qui donne à un événement biologique – la naissance d'une vie – le caractère d'un événement humain : l'événement de la vie qui s'humanise à travers son adoption symbolique.

L'humanisation de la vie

La dimension de la reconnaissance de la vie comme vie humaine reste donc cruciale dans la fondation du lien familial. Pour cette raison, Lacan avait défini l'amour humain comme « amour du nom [1] ». L'amour ne peut pas faire abstraction de la dialectique de la reconnaissance de l'Autre comme humain, comme porteur d'un nom propre, particulier, inassimilable aux lois biologiques universelles auxquelles obéit, au contraire, la vie animale. L'amour comme amour du nom signifie que l'humanisation de la vie passe nécessairement par l'acte symbolique de la nomination qui détermine la filiation, mais surtout signifie que l'amour n'est jamais générique, universel, indistinct, mais toujours et seulement amour d'une vie particulière, reconnue dans ses détails propres, les plus intimes, uniques ; l'amour pour ce nom, pour le nom propre de l'Autre comme ce qui creuse la différence absolue de l'uniformité acéphale de la vie biologique. Comme il arrive pour le Père évoqué par Jésus qui connaît le nombre des cheveux sur nos têtes et qui sait distinguer, comme un bon berger, ses brebis, apparemment toutes semblables. En ce sens, selon Pierre Bruno, le nom propre indique « à l'intérieur de la Chose-nouveau-né » ce qui *résiste* à la réduction de la vie à une représentation universelle [2].

L'amour pour le nom fonde le lien familial comme un lien non naturel. D'où l'importance que la psychanalyse a toujours attribuée au nom propre comme signifiant sur lequel convergent l'espoir, les attentes, les rêves, les fantasmes et les légendes qui nourrissent le désir des parents comme désir de l'Autre. L'amour pour le nom oriente le passage de la pure génération biologique de la vie à sa reconnaissance en tant que vie humaine, une vie qui ne se nourrit pas seulement d'aliments, mais de signes, du signe de l'amour de l'Autre.

Nous pouvons distinguer une première fonction fondamentale de la famille dans la transmission de cet amour. La présence d'une alliance symbolique, une maison, un sentiment d'identité, une racine, un lieu commun, est nécessaire pour qu'il y ait une inscription symbolique de la vie dans le désir de l'Autre. Nourrir le désir du nouveau venu avec son

1. Voir J. Lacan, Le Séminaire, Livre X (1962-1963), *L'angoisse*, Paris, Le Seuil, 2004.
2. Voir P. Bruno, M.-J. Sauret, *Ego et moi*, Paris, APJL, 2006-2007.

propre désir est une tâche essentielle du lien familial. Sans cette inscription dans le désir de l'Autre, la vie semble privée de racines, sans lien avec l'Autre, perdue, désorientée, souvent destinée à la ruine et à l'évaporation. La clinique psychanalytique confirme systématiquement ces données : la vie qui n'a pas été symboliquement adoptée par la reconnaissance du désir de l'Autre, qui a été repoussée, refusée, vécue comme une gêne, un trouble, une blague du destin, est une vie qui aura tendance à aller vers sa perte. C'est une vie qui pourra être sauvée uniquement si elle rencontre un autre lien, non de sang, un lien qui rend possible une nouvelle inscription symbolique dans le désir de l'autre.

Appartenance et errance

Le lien familial est maison, alliance, racine. Il répond à l'exigence d'appartenance qui caractérise l'être humain. Mais cette exigence est toujours accompagnée de celle d'autant plus forte, de l'errance, de la poussée vers ce qui n'a pas été encore vu, ni su, ni expérimenté. Appartenance et errance définissent les deux pôles de la subjectivité humaine : tendance à l'identification, à l'appartenance à une communauté, à être ensemble, à s'enraciner dans une culture de groupe, et tendance au voyage, à faire de nouvelles expériences, à réaliser sa propre différence, à se séparer, à désirer un désir qui soit le sien. De ce point de vue, le lien familial devrait être ce lien qui rend possible l'éloignement parce qu'il sait accueillir la révélation de la différence singulière sans exiger l'homogénéité, sans déterminer la répétition du même, sans vouloir calquer la culture du groupe déjà existante. Le lien familial n'est pas seulement ce qui rend possible l'expérience d'appartenance, mais c'est aussi ce qui, parce qu'il peut rendre cette expérience possible, peut supporter la séparation et la perte, la désidentification et l'éloignement. Si la dimension d'appartenance est ce qui offre à la vie son identité en associant la vie au sens, la poussée vers la désidentification, la nécessité de désirer un désir qui soit véritablement son *propre* désir, est une force qui éloigne du noyau familial, c'est l'anti-familialisme, c'est l'errance et le déracinement.

Appartenance et errance sont les deux âmes qui vivifient le lien familial. Selon les termes de Bion, il s'agit de la dialectique entre « socialisme » (appartenance à la culture de son propre groupe) et « narcissisme » (désidentification du groupe d'appartenance). La maladie de chaque lien, y compris le lien familial, dérive de la fracture de cette dialectique. Il en résultera, donc, le conformisme comme effet de la domination du socialisme sur le narcissisme ou la déréliction comme effet de la domination unilatérale du narcissisme sur le socialisme. Le conformisme marque la difficulté à faire apparaître un désir singulier à cause d'une prédominance du régime aliénant de l'identification aux idéaux de l'Autre, tandis que le narcissisme exhibe la volatilisation de l'expérience de la liberté qui semble vouloir nier tout lien avec l'Autre, toute descendance, toute dette symbolique. Au contraire, un lien qui se fonde sur la tension positive entre narcissisme et socialisme est capable d'intégrer l'errance comme fondement commun à l'appartenance. Ici, l'errance n'est pas refus de la frustration nécessairement imposée par le fait de vivre dans un lieu commun, mais l'exigence légitime de la désidentification aussi significative que la poussée à l'appartenance.

Conflit et violence

Il n'est de formation possible qui ne passe par le « détroit » du conflit. Freud savait bien que l'amour et l'idéalisation du père œdipien n'excluaient aucunement une composante d'agressivité inconsciente dirigée vers son propre géniteur. S'il n'y a pas d'obstacles, de barrière, d'altérité, il n'y a pas de formation, de transmission, de désir.

Quelle est la différence entre la violence et le conflit ? Le conflit implique que l'instance de la désidentification soit reconnue et non empêchée par l'exercice de la simple négation autoritaire. Certains phénomènes collectifs, même très récents[3], montrent efficacement comment la négation du conflit, la non-reconnaissance des raisons qui ont animé le conflit entre une génération et l'autre, entre mouvement et institutions, tend à produire des phénomènes de violence aveugle, de destruction, de rupture et de dégénérescence des liens. Au contraire, lorsque le conflit est reconnu et assumé de manière critique, il peut devenir moteur de transformation et de croissance. En effet, le conflit est un moyen pour symboliser la violence, pour l'inscrire dans un discours, alors que la violence est la rupture de toute barrière discursive, toujours, littéralement, en dehors du discours.

En d'autres termes, le conflit est une manière de donner un ordre symbolique du réel de la violence et, comme tel, un exercice de la force pour acquérir une forme de lien plus avancée. Alors que la violence exige un accès direct à la Chose, une jouissance non entachée de la castration, le conflit implique toujours la reconnaissance de l'autre dans son altérité. En fait, reconnaître les raisons d'un conflit (comme cela peut arriver entre parents et enfants ou entre institutions et mouvements collectifs) ne signifie pas réduire nécessairement la fermeté de ses propres positions, mais juste reconnaître que cela se produit dans un lieu commun (dans le lieu de la famille comme dans celui de la *polis*). Comme le dirait Bion, la violence qui se dissocie du conflit devient une véritable attaque du lien, la simple négation de l'altérité, donc une authentique activité de destruction, de chaos et désordre[4]. Le conflit est à l'inverse une manifestation dialectique de la force qui investit directement le problème de la filiation : un lien social non pathologique est capable d'accueillir le conflit ; de la même manière, une génération capable de permettre l'évé-

---

3. Je pense par exemple au mouvement des étudiants en Italie contre la loi Gelmini (du nom du ministre de l'Éducation nationale du gouvernement Berlusconi, N.d.T.) pour la réforme de l'université et au risque qu'il dégénère dans la violence.

4. Aujourd'hui, la violence qui détruit les familles et le corps social semble être de plus en plus dissociée du conflit. La violence brute des délits qui fait irruption de plus en plus fréquemment sur la scène familiale est aussi un effet de l'absence de la dimension du conflit comme expression de la différence symbolique des générations.

nement symbolique de la filiation est capable de respecter l'exigence de l'affirmation de la génération qui la suit. Si, en revanche on n'accepte pas le conflit, si la génération qui précède ne sait pas faire une place au conflit, ne sait pas écouter les raisons de la génération qui suit, il arrive que l'exigence de la désidentification puisse prendre tout simplement la voie mortifère de la violence.

La différence générationnelle

Un lien familial suffisamment bon est celui qui sait maintenir l'oscillation entre appartenance et errance, entre provenance et avenir. Donc, un lien qui sait offrir le sens d'une communauté, d'une identification – dirait la psychanalyse – et, en même temps, qui sait supporter la dimension de la lutte, du contraste, du conflit que l'exigence de la séparation implique fatalement. Hegel l'affirmait déjà en son temps : la dialectique de la reconnaissance ne peut pas faire abstraction du conflit. Cependant, le conflit n'est pas l'expression d'une pure réaction agressive, mais à l'inverse, une canalisation culturelle de la violence, son expression symbolique. Là où il y a conflit, il y a reconnaissance de l'altérité, confrontation avec l'impossibilité de réduire l'autre au même, la différence est en jeu. Si la différence générationnelle sait nourrir correctement le conflit, elle nourrit également le processus de formation. Les enfants ont besoin de parents qui soient capables de supporter le conflit et, ainsi, de représenter encore la différence générationnelle. L'homogénéité de la famille hypermoderne nous introduit au contraire dans une scène dominée par le Même, par une homogénéité qui semble privée de conflit, mais seulement en apparence. Les enfants sont équivalents aux parents, les mères aux filles et les pères aux fils. La filiation même semble avoir changé de polarité : autrefois, si l'enfant faisait partie de la famille en se soumettant à son organisation hiérarchique et aux lois de son fonctionnement, aujourd'hui, la famille, quand elle existe encore, tend à s'organiser et à subordonner les lois de son fonctionnement aux exigences de son dieu-enfant et à sa volonté devenue absolue [5]. De ce point de vue, la prétendue « hyperactivité infantile » est véritablement un symptôme paradigmatique de l'époque hypermoderne, parce qu'elle met en évidence la tendance à l'inactivité symbolique du grand Autre, c'est-à-dire la difficulté du discours éducatif (et pas seulement familial) à faire exister une Loi pour le désir. En effet, plus l'enfant ne trouve pas d'incarnation fiable de l'ordre symbolique, plus il s'hyperactive pour que quelque chose dans le symbolique (de la fonction de la Loi) se mobilise et intervienne [6]. Il en découle également la diffusion des nouveaux symptômes de la contemporanéité (anorexies, boulimies, toxicomanies, dépressions, attaques de panique, dépendances pathologiques), tous liés au même retrait narcissique du sujet de l'échange symbolique avec l'Autre, vers le refuge pathologique d'une jouissance pulsionnelle renfermée sur elle-même, monadique, asexuée et rigoureusement stérile [7].

Si la complexité du conflit générationnel fait défaut, les différences de position et de responsabilité au sein de la famille vont manquer aussi et tout s'aplatira avec une fausse rhétorique du dialogue, en une parole vide, qui est un discours sur tout sans l'implication responsable de la personne à ce qui est dit. Cela entraîne une sorte d'effacement des différences générationnelles et des responsabilités qu'elles impliquent. C'est à l'adulte, par exemple, que revient de

5. Très justement, Marcel Gauchet décrit ce passage anthropologique en ces termes : ce ne serait plus à la famille à faire l'enfant, mais, dans un « surinvestissement halluciné » de l'enfance, ce serait à l'enfant de produire les nouvelles familles affectives. Sur ces thèmes, voir M. Gauchet, « L'enfant du désir. Une révolution anthropologique », *Le Débat,* n° 132, novembre-décembre 2004, Paris, Gallimard.

6. Pour approfondir le thème de l'hyperactivité comme paradigme de l'époque hypermoderne, voir F. Tognassi, U. Zuccardi-Merli (sous la direction de), *Il bambino iperattivo. Dalla teoria alle pratiche della cura,* Milan, Franco Angeli, 2010.

7. Pour une analyse systématique de ces thèmes, je renvoie à M. Recalcati, *L'uomo senza inconscio,* Milan, Raffaelo Cortina, 2011, et *Clinica del vuoto. Anoressie, dipendenze e psicosi,* Milan, Franco Angeli, 2002 ; et à M. Recalcati (sous la direction de), *Il soggetto vuoto. Clinica psicoanalitica delle nuove forme del sintomo,* Trente, Erickson, 2010.

soutenir le poids de l'interdiction symbolique dans une époque où le lien qui unit le désir à la Loi ne peut plus être évoqué d'une manière religieuse, en tant que lien établi par un code de valeurs préexistant. Il faut au contraire un acte singulier pour soutenir le conflit que l'introduction d'un « Non ! » implique. La dissymétrie et la différence entre les générations et la responsabilité que celles-ci comportent – principalement pour les adultes – ne peuvent être récupérées en restaurant l'idéal *du pater familias* ou l'ordre naturel de la famille. Cette famille n'existe plus. Notre temps est véritablement celui de l'évaporation du père. Pourtant, c'est à la génération précédente de transmettre la force générative du désir. Il s'agit de la question de l'héritage. Un héritage n'est pas uniquement constitué d'objets, mais aussi de signifiants.

Philip Roth le décrit très bien dans *Patrimoine*[8] quand il raconte qu'il aimerait se sentir inclus dans l'héritage de son père, non seulement pour ce qu'il va recevoir (« un peu de merde », comme nous allons le voir, suffirait), mais également pour la reconnaissance symbolique que cela implique, l'importance vitale du sentiment de provenance, d'appartenance, et d'être sûr de descendre du père. Le temps de l'évaporation du père dans lequel nous nous trouvons aujourd'hui n'efface pas l'exigence de se sentir reconnus, ni l'exigence de la transmission du désir d'une génération à l'autre. Ce n'est pas ce dont on peut hériter qui est décisif, mais le fait qu'il y ait un héritage symbolique. Ce que signifie hériter est un chapitre central de la dialectique de la reconnaissance. Cela arrive entre parents et enfants, entre maîtres et élèves, entre une génération et l'autre. Mais pour que cela soit valable – pour qu'il y ait transmission –, il ne doit pas y avoir seulement le conflit, la lutte, l'opposition pour la reconnaissance. Il est nécessaire aussi que cette lutte se développe sur la base d'une reconnaissance préliminaire de l'existence d'une dette symbolique par rapport à l'Autre. L'existence humaine n'est pas la capacité de se suffire à soi-même, elle ne dépend pas uniquement d'elle-même ; la dette symbolique montre que notre

8. P. Roth, *Patrimoine*, Paris, Gallimard, coll. « Folio », 2008.

existence dépend toujours de ce qui arrive ou est arrivé chez l'Autre. Pour qu'il y ait désidentification et subjectivation de sa propre liberté, il faut reconnaître l'arrière-plan qui rend possible cette liberté. S'il n'est pas pris en compte, si la dette symbolique n'est pas reconnue, la liberté se réduit simplement à une absence d'obligations et elle court le danger de précipiter dans un narcissisme sans avenir.

Une analyse enseigne, comme l'a affirmé Lacan, à « se passer du père à condition de s'en servir ». S'en passer signifie reconnaître sa dissolution comme fondement ultime de notre vie ; cela veut dire reconnaître qu'aucun père ne pourra garantir que notre vie sera protégée du risque de la perte, de la chute et de la mésaventure. Le parapluie du Nom-du-Père, comme celui du Dieu théologique, est devenu trop petit pour protéger l'existence de son exposition à la contingence illimitée. Toutefois, c'est sur la base du *se passer du Père* que devient possible d'en assumer le Nom, d'en accepter l'héritage, d'en reconnaître la valeur de témoignage, de *s'en servir.* Le risque opposé est celui de *ne pas s'en servir parce qu'on n'arrive pas à s'en passer.* La condition de tout héritage authentique implique la mort sans retour du Père, le deuil du Père. Au contraire, si ce deuil n'est pas terminé, l'idéalisation acritique du Père rend impossible de s'en passer et par conséquent de s'en servir : le sujet reste écrasé sous l'ombre épaisse du Père idéal. Nous trouvons ici le fondement de toutes les orthodoxies. L'héritage devient une fidélité qui impose l'adoration infinie et mélancolique du Père, et éteint toutes les possibilités d'avenir.

Être parent aujourd'hui : une mission impossible

Le problème qui caractérise notre temps est le fait de savoir comment réussir à préserver la fonction éducative du lien familial face à une crise de plus en plus radicale et généralisée du discours éducatif. Comment peut-il y avoir éducation – et donc formation – si l'impératif qui oriente le discours social se fonde de manière perverse sur un « Pourquoi pas ? » qui rend insensée toute expérience de la limite ? Comment peut-on introduire la fonction vertueuse de la limite – fonction qui attribue un sens possible au renoncement et qui permet l'union entre la Loi et le désir – si tout tend à pousser vers l'apologie cynique de la consommation et de l'assouvissement sans report ? Comment le lien familial peut-il ne pas céder sur sa fonction éducative, sur le fait d'être le lieu privilégié de la transmission du désir et de la subjectivation, si le discours social dominant exalte le contournement de la castration comme pivot de la nouvelle morale hyperhédoniste ? Comment est-il possible de soutenir la fonction formatrice du renoncement et de la limite lorsque l'absence ou le déclin des références normatives à l'Idéal finit par rendre le renoncement à la jouissance pulsionnelle immédiate de plus en plus insensé ?

La difficulté de tout discours éducatif est double : d'une part, il s'agit d'une *difficulté à assumer avec une certaine responsabilité la différence générationnelle en introduisant le pouvoir symbolique de l'interdit.* D'autre part, c'est une *difficulté à transmettre le désir d'une génération à l'autre, une difficulté à témoigner de ce que désirer signifie.*

L'absence de conflictualité comme facteur inséparable de la formation est un des symptômes majeurs du lien familial et du lien social hypermoderne. Le nouveau malaise de la jeunesse n'est plus marqué par l'Œdipe, il ne découle plus du conflit entre les générations, de la tragédie de l'usurpation, du caractère transgressif du désir qui enfreint la Loi. Le malaise de la jeunesse produit par le discours du capitaliste est lié à un effet d'obstruction et d'intoxication généré par l'excès de jouissance et le déclin de la fonction symbolique de la castration. La clinique des nouveaux symptômes montre bien comment le problème de ce malaise n'est pas tant celui du conflit entre le programme de la pulsion et celui de la civilisation, entre l'imagination du désir et le poids oppressant de la réalité, entre les raisons des enfants et celles des pères, mais celui d'accéder au désir.

Comme nous l'avons dit précédemment, cette difficulté d'accès au désir a certainement quelque chose à voir avec l'hégémonie incontestée du discours du capitalisme et avec l'évaporation du père qui en découle. Mais elle montre également une absence d'adultes, une chute de la désidentification générationnelle et de la responsabilité que cela implique[9].

Une de mes jeunes patientes racontait un jour tout son malaise (et sa jouissance inconsciente) à devoir soutenir son père qui, séparé de sa mère depuis ses 2 ans, exigeait qu'elle le console à chaque fois qu'une de ses histoires d'amour se terminait. Une autre jeune patiente boulimique, qui volait dans les supermarchés, me parlait de sa difficulté à trouver une barrière symbolique suffisamment solide pour freiner la terrible course de sa jouissance. Son problème n'était pas d'atteindre la jouissance de la transgression par le contournement clandestin de la Loi, mais d'arriver à réveiller la Loi paternelle de son sommeil inconsidéré ou comment être vue en train de voler par quelqu'un qui pourrait enfin prendre la responsabilité d'arrêter sa dérive pulsionnelle.

La crise actuelle de l'opérativité de l'ordre symbolique coïncide avec la crise du pouvoir de l'interdit, mais aussi avec la difficulté de la transmission du désir entre les générations. Elle coïncide avec la capacité des adultes à fournir un témoignage sur la façon de continuer à exister sans se suicider ou devenir fou et de rendre cette existence digne d'être vécue. C'est la double tâche de la fonction paternelle. Être appelé

9. On n'évalue jamais suffisamment l'asymétrie qui caractérise la relation entre un parent et un enfant. L'insulte d'un père qui s'adresse à un enfant peut avoir des effets indélébiles, alors que l'inverse ne porte pas à conséquence. Lorsque Freud attribuait au père le fait de savoir « garder les yeux fermés », il voulait souligner le caractère « humanisé » de la Loi que le père représente. Si les yeux du père étaient toujours ouverts, nous serions sur la scène paranoïde de *Big Brother* ou dans un camp de concentration. Le fait que le père, dans certaines situations, sache détourner le regard permet l'humanisation de la Loi et l'introduction de l'exception. C'est comme sur les terrains de football quand l'arbitre, afin de ne pas altérer le cours d'un match, feint de ne pas avoir vu ou entendu les insultes qu'on lui adresse. Le fait de savoir « ne pas écouter » une parole insolente ou « ne pas voir » un geste obscène peut être pour un père la condition pour permettre que le match du désir puisse continuer. Savoir laisser alterner l'efficacité de la Loi et sa suspension est une définition possible de la fonction paternelle.

pour introduire un « Non ! », qui soit véritablement un « non ! » (un de mes patients toxicomanes se plaignait de n'avoir jamais rencontré un « non ! » de ce genre), et, en même temps, pouvoir incarner un désir vital capable de se réaliser. Pourquoi, actuellement, ce double rôle est-il si difficile à soutenir ?

Nous allons nous arrêter sur deux angoisses présentes chez les parents d'aujourd'hui. La première se réfère à l'exigence de se sentir aimés de leurs enfants [10]. Cette exigence est inédite et contraire à la dialectique de la reconnaissance : ce n'est plus aux enfants de demander la reconnaissance à leurs parents, mais c'est aux parents de demander à être reconnus par leurs enfants. De cette façon, la dissymétrie générationnelle est renversée. Afin de se montrer « aimable », il est nécessaire de toujours dire « Oui ! » et d'éliminer le malaise du conflit, de déléguer ses propres responsabilités éducatives, d'avaliser le caractère pseudo démocratique du dialogue. De cette manière, on produit la collusion pathogène entre ce « Oui ! » perpétuel et le « Pourquoi pas ? » pervers qui inspire le discours social dominant.

La clinique psychanalytique montre que sans l'expérience de la limite, l'expérience même du désir va être fatalement aspirée vers une jouissance de mort. Nous l'avons répété à plusieurs reprises. Il est nécessaire que quelqu'un – au-delà des différences de genre et du lien de sang, comme l'affirmait Lacan dans ses derniers écrits, « n'importe quelle chose » peut assumer la fonction paternelle – assume le poids de l'acte d'introduction de la castration symbolique. Parce que la Loi que le père incarne, sans jamais l'épuiser en sa personne, ne se manifeste pas du tout comme une pure négation répressive, mais comme ce qui peut rendre possible le désir. Il s'agit du problème de la transmission : une génération se doit de donner à l'autre, en plus du sens de la limite, la possibilité de l'avenir et le désir comme foi en l'avenir.

10. Voir J.-P. Lebrun, *La perversion ordinaire. Vivre ensemble sans autrui*, Paris, Denoël, 2007.

La deuxième angoisse des parents aujourd'hui est liée au principe de performance. L'échec, l'insuccès, la faillite de nos propres enfants sont de moins en moins tolérés. Face à un obstacle, la famille hypermoderne se mobilise, plus ou moins unanimement, afin de le refouler sans laisser à l'enfant le temps d'en faire l'expérience. Les attentes narcissiques des parents refusent de se mesurer à cette limite, en attribuant aux enfants des projets de réalisation obligatoires. Mais, comme l'a écrit Sartre, si les parents ont des projets pour leurs enfants, ces derniers auront invariablement des destins… presque jamais heureux. Avoir un enfant sans défaut, capable de performance, reflète les angoisses narcissiques des parents. L'échec de la transmission peut être lié à une exigence de clonage, d'identification avec le descendant, de répétition du même destin. C'est ce qui arrivait à l'époque œdipienne du malaise de la jeunesse. Mais il se peut que cela soit un effet de l'absence d'actes symboliques, comme il arrive à l'époque hypermoderne. Dans ce cas-là, nous n'aurons pas l'investissement phallique, le clonage, le caractère sacré de l'identification – « deviens comme moi ! » –, mais une exigence surmoïque d'efficacité. Ce qui importe, ce n'est pas tellement le clonage, mais la nécessité d'occulter toute imperfection. Les parents, de nos jours, sont terrorisés par la possibilité que l'imperfection puisse perturber l'apparition de leur enfant comme idéal. C'est un nouveau mythe de notre civilisation : donner aux enfants tout ce dont ils ont besoin pour être aimés ; cultiver leur être comme capable de performance afin de conjurer l'expérience de l'échec. Il en découle que nos jeunes ne supportent plus les revers, parce qu'à ne pas les supporter, ce sont surtout les parents. Le principe de performance hypermoderne est un principe d'affirmation du moi. Mais est-on sûr que le succès du moi s'accompagne de la satisfaction ?

Éloge de l'échec

La psychanalyse ne fait pas l'éloge de la performance. Le travail de l'analyse est aux antipodes du narcissisme de l'apparence, du succès éblouissant du moi qui capture les jeunes aujourd'hui. L'expérience de l'analyse vise plutôt à décortiquer l'enveloppe narcissique de l'image pour placer le sujet face à la vérité de son propre désir. Dans l'expérience analytique, tout vise à réduire les faux prestiges du moi, selon l'expression de Lacan. La psychanalyse ne soutient pas le culte hypermoderne de la performance, mais fait l'éloge de l'échec. Elle récolte les restes, les résidus, les vies écartées ; elle travaille sur les causes et les vies perdues. Pour être psychanalyste, il faut aimer les causes perdues…

Mais que signifie faire un éloge de l'échec ? L'échec n'est pas seulement insuccès, défaite et déroute. Ou, mieux, l'échec est tout cela, mais aussi son contraire. L'échec, selon Lacan, est le propre du fonctionnement de l'inconscient. Sa définition d'un acte manqué est déjà tout un programme : un acte manqué est le seul acte réussi possible. Pourquoi ? Parce que un acte peut être manqué pour le moi, mais réussi pour le sujet de l'inconscient. Il en est de même avec l'étourderie et le lapsus. L'échec est un boitement salutaire à l'efficacité de la performance. Et, en ce sens, la jeunesse est le moment de l'échec ou, en d'autres termes, le temps où l'échec devrait être permis. Elle est ce moment qui exige le temps de l'échec, de l'erreur, de l'errance, de la perte, de la défaite, du revirement, du doute, de l'indécision, des décisions ratées, des enthousiasmes qui se dissolvent et se transforment en désillusions… de la trahison et du grand amour. Les jeunes sont exposés à l'échec parce que la voie véritable de la formation est celle de l'échec. Hegel l'enseignait comme l'enseignent les textes bibliques, bien avant la psychanalyse. C'est le frère cadet qui, dans la célèbre parabole des Évangiles, demande au père sa part d'héritage en avance pour la dissiper dans une jouissance sans bornes. La formation est errance, discontinuité, rencontre, rupture d'avec le familialisme. Il y a toujours sur le chemin d'une vie une chute de cheval, une rencontre avec la terre, un face-à-face avec l'angle durci du réel. Ainsi, les jeunes sont les plus exposés à la maladie de l'inconscient. Pour qu'il y ait rencontre avec la vérité du désir, il est nécessaire de s'égarer, d'échouer, de se perdre. Celui qui ne s'est jamais perdu ne peut pas savoir ce que veut dire se retrouver… Voilà pourquoi Lacan disait qu'il comptait sur eux, sur les jeunes, et il plaçait son espoir pour l'avenir de la psychanalyse sur eux. Les jeunes savent se perdre comme personne d'autre… Ils savent se perdre et se retrouver… Mais la présence des adultes est fondamentale pour que cela se produise. Une maison, un lien, une appartenance sont nécessaires pour que l'errance donne ses fruits. Il est indispensable que les parents sachent tolérer les angoisses de ces allées et venues.

Notre éloge de l'échec bouleverse de manière drastique l'illusion du discours du capitaliste : « Le ratage, c'est l'objet », affirme Lacan. L'objet ne se présente pas comme ce qui peut combler « le manque à être » qui habite le sujet, mais que la rencontre avec l'objet est structurellement marquée par une condition d'échec. L'objet est toujours raté, il est toujours insatisfaisant, toujours vide, c'est une lacune. La pulsion ne se referme pas sur lui, mais elle doit en faire le tour. L'objet est raté parce qu'il n'est jamais atteint, parce qu'on ne peut atteindre que son ombre. C'est le fondement de la théorie lacanienne de l'inexistence du rapport sexuel. L'être humain est condamné à affronter le sexe sans posséder la clé pour en déchiffrer le mystère. Si dans le monde animal cette clé est biologiquement inscrite, génétiquement déterminée et validée universellement, pour l'être humain la nature ne donne pas la règle.

Qu'est-ce qu'est le malaise de la jeunesse dans la civilisation dominée par le discours du capitaliste et de sa « liberté imaginaire [11] » ? S'agit-il de la liberté de la jouissance qui est en réalité une manifestation du surmoi, ou bien de l'instance qui nie toute forme possible de liberté et qui rend esclave ?

11. Voir M. Magatti, *Libertà immaginaria. Les illusioni del capitalismo tecnonichilista*, Milan, Feltrinelli, 2009.

Cette liberté n'est pas le levain du désir, pour utiliser une image de l'Évangile, mais une nouvelle forme d'esclavage qui rejette toute forme de responsabilité.

Le discours de la psychanalyse est antagoniste de celui du capitalisme parce que la psychanalyse dénonce l'objet comme raté, alors que le discours du capitaliste soutient son pouvoir fétichiste, idolâtre, même si, astucieusement, il en exploite l'inconsistance. Se ranger du côté de l'échec de l'objet et du rapport sexuel, de l'échec propre du sujet de l'inconscient, est la seule possibilité pour que le désir et la Loi se manifestent à nouveau.

II

Témoignages

« *Tu ne dois rien oublier* »

Son cerveau entre les mains

Comment se transmet le désir ? Qu'est-ce que hériter ? De quelle manière la fonction symbolique du père intervient-elle dans la chaîne des générations ? Que peut vraiment léguer un père ? Que reste-t-il d'un père ?

Patrimoine, le livre de Philip Roth, essaie de répondre à toutes ces interrogations ; il raconte « l'histoire vraie » de la maladie et de la mort du père de l'auteur [1]. C'est ce qui arrive en général dans les histoires de maladies mortelles : quelque chose d'hétérogène par rapport à l'homogénéité de l'image de notre corps fait sa troublante apparition sur la scène en plongeant le sujet et son monde dans l'angoisse. Un gonflement, un bourdonnement, un nodule, un essoufflement respiratoire, un frisson insensé, enfin un détail du corps qui déforme la représentation habituelle de nous-même et qui s'impose comme une annonce de défiguration, comme une prophétie néfaste. À l'improviste, le silence des organes dans lequel s'écoule la normalité bornée de notre vie est interrompu par un cri lancinant. Dans le cas du père de Roth, il s'agissait de la paralysie

1. Voir P. Roth, *Patrimoine. Une histoire vraie*, Paris, Gallimard, coll. « Folio », 2008. Dorénavant, les citations à partir de cette œuvre vont être indiquées par le numéro de la page.

d'une partie du visage. Quelque chose, dans le début de cette histoire, évoque inévitablement les premières pages de la *Métamorphose* de Kafka :

> « [...] le lendemain matin, dans la glace de la salle de bains, il avait constaté que la moitié de son visage ne lui appartenait plus. Ce qui, la veille encore, lui ressemblait, ne ressemblait maintenant plus à personne » (p. 12).

L'intrusion de la maladie rompt l'écran de l'image du moi et brûle très vite les distances qui séparent le père du fils : face aux radiographies qui documentent impitoyablement la présence de la masse tumorale à la hauteur du pédoncule du cervelet, le fils écrivain se trouve exposé à un texte obscène et illisible qui déchaîne ses larmes. Il trouva entre ses mains le cerveau de son père envahi par la tumeur. Désormais, c'est ce à quoi est réduite cette figure qui, dans sa vie, eut un poids unique bien que contrasté. À présent, cet homme qui l'a fait souffrir et qui a été pour lui une source abrupte d'enseignements et de conflits est réduit à un corps malade fait de tissus bouleversés, de cellules devenues folles, de masses, de formes obscures, silhouettes inquiétantes reproduites par les machines de la science. Le cerveau de son père entre ses mains. Chaque distance générationnelle, chaque différence de rôle, chaque souvenir de ce qu'il était semblent se consommer en cette vision obscène d'un père réduit à un réel informe et stupidement atroce. Son cerveau entre ses mains. L'image ambivalente du père œdipien (idéal et obstacle d'une vie) est fracassée par un réel anormal et traumatique occupant abusivement la scène de ce qui avait été vécu de ce lien historique, émotif, passionnel. Maintenant, la sentence de la médecine vient traumatiser, à son tour, le traumatisme de ce lien. Ce qui lui reste de son père, ce sont seulement les images de son cerveau malade :

> « C'était là le tissu qui avait fabriqué la multitude de ses incessantes inquiétudes et alimenté pendant plus de huit décennies son opiniâtre autodiscipline, la source de tout ce qui m'avait tellement, moi son fils, frustré dans mon adolescence, la chose qui avait gouverné notre destinée à l'époque où, tout-puissant, il fixait nos objectifs. [...] J'avais vu le cerveau de mon père, et tout m'avait été révélé, et rien ne m'avait été révélé » (p. 18-19).

Chaque père est mort depuis toujours

« Un père peut-il mourir ? » semble se demander, stupéfait, Philip Roth, comme peut se le demander chaque fils face au traumatisme de la disparition paternelle. La rencontre avec la maladie et la mort du père laisse toujours une trace. C'est la rencontre avec une vérité radicale, avec l'inconsistance de l'Autre, avec l'impossibilité du père à nous protéger et garantir notre vie contre la contingence illimitée de l'existence. De ce point de vue, chaque père est mort depuis toujours. Il ne l'est pas seulement parce que la parole du père, dans son rapport fondamental à la Loi, transcende le corps vivant du père réel. Et il ne l'est pas non plus parce que le Nom-du-Père, donc la fonction symbolique du père, ne peut se réduire à la personne physique du père, comme l'évoque la pensée de Lacan. Il est mort depuis toujours aussi parce que chaque père est destiné à porter avec lui sa propre limite, sa propre castration, car aucun père (ni même Dieu) ne pourra jamais être la garantie ultime de ses descendants. Cette garantie, en effet, n'existe pas, elle est impossible et le caractère mortel du père reflète cette vérité ultime de la structure. Pour cette raison, Lacan nous rappelle que la tombe de Moïse, comme celle du Christ, est vide depuis toujours.

La mort d'un père est toujours un passage crucial de notre vie. « Ils peuvent mourir eux aussi ? », se demande à un moment donné l'enfant pensant à ses propres parents. Question qui accompagne celle plus freudienne relative à la nature sexuée du lien entre père et mère : peuvent-ils réellement jouir sexuellement l'un de l'autre, peuvent-ils avoir une sexualité ? Une double question qui semble différente de la précédente, mais qui est animée par la même interrogation concernant la distance et sur l'excentricité entre l'Autre réel et l'Autre idéal et sur l'impossibilité de ce dernier à recouvrir sans écart la sphère scabreuse du premier.

La mort d'un père pose également la question de nos racines, de notre provenance et de l'impossibilité que ces racines et cette provenance et de leur impossibilité à construire un terrain solide, sûr, à l'abri de l'aléatoire de la vie. La transmission d'une hérédité se fonde sur l'impossibilité de se soustraire à la rencontre avec ce que Lacan appelle l'inexistence de l'Autre, *l'inexistence de l'Autre de l'Autre* et avec le fait que même le lieu du père ne peut sauver l'existence de sa propre contingence illimitée, bien que ce lieu soit fondamental pour rendre possible cette contingence.

Un acte manqué

Un acte manqué ouvre le roman. Après le verdict de la science, qui ne laisse pas d'espoir au vieux Roth (laisser la tumeur suivre son cours en misant sur un lent développement ou se soumettre à une opération chirurgicale invasive dont l'issue est incertaine), l'écrivain, qui se rendait, en voiture, chez son père, se retrouve involontairement au cimetière où sept années auparavant a été enterrée sa mère. Cet acte manqué anticipe ce que le savoir de l'Autre (le savoir technique de la médecine) expose de manière aride comme un pronostic anonyme. Il est déjà mort. Cela s'est déjà produit avec sa mère. Il est déjà terre et poussière. Pourtant, cet acte manqué nous montre qu'il y a en jeu une autre question : est-ce que je pourrai te retrouver, sentir d'une manière ou d'une autre ta présence ? Que reste-t-il d'une mère et d'un père au-delà de leur mort ? Si, comme l'affirmait Ugo Foscolo, la tombe ne rend pas « le sommeil de la mort moins dur[2] », elle peut garder vivante une promesse impossible : rester en contact avec l'objet perdu à travers la commémoration de son absence. Ainsi, l'auteur se retrouve face à la tombe de sa mère. La tombe contient symboliquement cette absence et c'est pour cette raison qu'elle rend possible « la perception de la présence » de celui qui n'est plus (p. 24). N'est-ce pas pour cette raison que Lacan reconnaissait dans l'acte de l'enterrement une manifestation fondamentale de l'ordre symbolique qui transfigure la décomposition organique du cadavre en une présence évoquée en son absence par l'action du symbole ?

2. U. Foscolo, *Les tombeaux et autres poèmes*, Rome, coll. « Villa Médicis », 1982.

Garder ou tout jeter ?

Les choses restent, les objets qui évoquent directement la vie « en fin de course » du père de l'écrivain. Pyjamas, vestes de sport, mouchoirs, caleçons, chaussettes – « ses effets informes et grisâtres étaient là, drapés sur des cintres métalliques accrochés à la tringle de la douche ». Tous les objets « dont on aurait cru [...] qu'ils n'avaient pas été remplacés depuis la mort de ma mère » (p. 28).

Ces objets sont comme des épouvantails inquiétants qui révèlent la solitude de la vieillesse : verres à « cherry », serviettes de table d'Irlande, nappe de 1971 d'Espagne, vases, tasses à café, montres, vêtements, chaussures... Morceaux de corps du défunt, membres disjoints, os, traces. Le travail de deuil suit une évolution qui a toujours quelque chose de paradoxal. C'est un mouvement psychologique qui consiste à vouloir tout garder et tout jeter en même temps. Cela est déjà arrivé avec la mort de la mère et cela se reproduit maintenant avec la maladie mortelle de son père. « Prends-les, insistait mon père, je veux m'en débarrasser » (p. 96).

Le corps du mort laisse sa triste bave dans ces natures mortes désormais sans auteur. Le travail de deuil n'est jamais réductible à « un collectionnisme » même s'il est fondé sur la mémoire de l'objet. Freud l'avait conceptualisé comme une symbolisation du mort sans écart. Un deuil terminé, élaboré, signifie établir une séparation irréversible d'avec les dépouilles de l'objet perdu, comme s'il ne pouvait pas y avoir un reste impossible à symboliser, une lésion impossible à guérir, une cicatrice qui ne disparaît jamais définitivement... Quand la mère de l'auteur est morte, le père a voulu se séparer de tous les objets de la femme avec qui il avait partagé sa vie. Rien ne devait rester d'elle. Il aurait été impossible pour lui de continuer autrement. Il choisit ainsi l'option opposée à celle du personnage principal d'Elio Vittorini[3] dans *Les hommes et les autres.* Lui, le camarade Enne, gardait la robe de son amoureuse sur la porte comme un fantôme qu'il devait rencontrer

3. E. Vittorini, *Les hommes et les autres,* Paris, Gallimard, 2007.

à chaque fois qu'il sortait ou rentrait chez lui. Au contraire, le père de Roth choisit le refus comme modalité radicale de séparation. Son deuil semble être un deuil sans travail, un deuil traumatique : « Je veux m'en débarrasser. »

Retenir ou jeter sont les deux raisons fondamentales qui traversent toute expérience de deuil. Cependant, elles ne sont pas en opposition : la psychanalyse sait qu'il existe une dialectique subtile entre ces deux mouvements. C'est ce que dit Freud, à sa manière, à travers le jeu de la bobine du petit Ernst : l'absence de l'objet est la condition pour qu'il réapparaisse. C'est sa présence qui oscille toujours vers son absence.

À notre époque hypermoderne, les objets prolifèrent et comblent toute absence possible. Le discours du capitaliste est un anti-deuil. L'objet de jouissance exige son remplacement continu et il ne dégage aucune aura, sa fonction, plus que fétichiste, est anesthétique. Il sert à atténuer la douleur d'exister et à domestiquer, à apaiser, à congeler le désir. L'objet ne célèbre aucune histoire, il ne raconte rien, ne conserve aucune mémoire, alors qu'il est devenu nécessaire au sujet, qui en dépend de manière pathologique.

Se libérer des choses, désirer ne plus y être lié, être éloigné, être loin de l'Autre, cela appartient à notre condition, tout comme le contraire, ce qui nous pousse à être lié, à proximité, à côté de l'Autre. C'est une oscillation qui s'accentue dans les moments douloureux du deuil : garder ou jeter ? Demeurer de manière mélancolique auprès de l'objet absent, dans le regret de sa disparition, le gardant dans notre mémoire, ou bien s'en éloigner comme si on n'avait pas de mémoire, dans un acte unique, comme pour exorciser sa présence obsédante ?

Mais, souligne Roth, des choses sont des choses. La colère destructrice du père au lendemain de la mort de sa compagne d'une vie (vouloir tout jeter) révèle quelque chose d'« admirable » :

> « [Cette] détermination d'un réalisme implacable à reconnaître, instantanément, qu'il était désormais un vieillard réduit à la solitude,

pour lequel des reliques symboliques ne pouvaient en rien remplacer celle qui durant cinquante-cinq ans avait été sa véritable compagne » (p. 35).

Ainsi, son père, dans une attaque de panique, avait voulu fuir devant le cadavre de sa femme, de la même manière la tendance à vouloir tout jeter reflète la difficulté à « maintenir immobile le *mortuum* », comme dirait Hegel[4], c'est-à-dire la difficulté à assumer la perte irréversible de l'objet par la symbolisation. Alors, éloigner ses affaires à elle, les jeter, les enterrer, signifiait renoncer à leur « pouvoir spectral », nier, dans un élan de volonté, le triomphe fatal de la mort.

Même si le collectionnisme des objets aspire au fond au même objectif : exorciser l'irréversibilité. Conserver chaque trace afin de rejoindre fantasmatiquement son immobilisation, sa suspension, est un fantasme que la clinique psychanalytique définit comme « obsessionnel » : l'accumulation ordonnée des choses leurre la préservation de la vie face à la corruption inévitable de la mort.

Un petit bol à raser

Mais parmi tous ces objets, il y en a certains qui *exigent de rester.* Ce sont ceux qui représentaient pour nous, dans notre passé, dans notre histoire d'enfant et de fils ou de fille, de véritables mystères ; des objets où quelque chose de la transmission se condensait avec une intensité absolue et presque mystique. C'est cette même intensité silencieuse des choses que Giorgio Morandi a élue à la sublime dignité de poésie dans sa peinture. Pour le fils de Roth, ce lyrisme de la mémoire prend la forme d'un petit bol à raser qui, de père en père, détermine une continuité pour sa famille, il symbolise une descendance, donne corps à une mémoire partagée, qui inscrit le sujet dans une filiation effective. Un petit bol à raser. Cet objet est bien plus qu'un objet. Nous pouvons nous demander quel est son statut psychanalytique. C'est le statut d'un trait, *d'un trait d'identifi-*

4. G. Hegel, « Préface », dans *La phénoménologie de l'esprit* (1807), Paris, Ellipses Marketing, 1998.

cation. Ein einziger Zug, dirait Freud. C'est ce trait que Lacan a nommé « unaire », trait qui nous permet de nous reconnaître en tant que sujets singuliers. Ce trait fonde notre singularité mais il est aussi prélevé chez l'Autre, parce qu'il n'y a pas de possibilité d'institution du sujet sans l'apport de l'Autre, sans que le sujet ne fonde sa provenance à partir de l'horizon de l'Autre. Le lien familial est, en fait, un nom du grand Autre.

Autrefois, j'ai eu l'occasion d'écouter un collègue raconter le cas d'un de ses patients qui, parlant du rapport avec son père – qui n'avait apparemment aucune influence dans sa vie –, lui a révélé, non sans une certaine stupeur, qu'à chaque fois qu'il se rasait, il lui apparaissait dans le miroir le reflet de son père. « Se raser » lui dévoilait la vérité du traitement inconscient d'un trait identificatoire à son père au point de se confondre avec son image.

Quel est donc le statut de ces objets qui ont été les emblèmes d'une histoire qui nous identifie ? Certainement pas celui du fétiche, de l'idolâtrie perverse pour un objet auquel on attribue le pouvoir de nier la castration. Le caractère asexué de l'objet n'est pas suffisant pour expliquer son caractère fétichiste. Le bol à raser du père de Roth, pour lequel le fils ne cache pas son attachement, est un *trait d'identification.* Dans ce cas-là, le caractère asexué de l'objet ne protège pas le sujet de la vision de la castration, du manque de l'Autre. Cet objet, objet de la mémoire, qui se transmet d'une génération à l'autre, transgénérationnel, est plutôt entièrement constitué par la castration, il en est une expression maximale parce qu'il se transmet sur un fond de mort, un fond d'héritage. Ce n'est pas un talisman, il n'a pas de pouvoir magico-thaumaturgique, et ce n'est pas non plus une relique ; au premier plan, nous ne trouvons aucunement le fait qu'il ait été propriété ou partie du corps du défunt. Cet objet n'est pas le père, il n'appartient pas uniquement au père, mais à toutes les générations que le père garde en son nom. L'objet est un fragment de cette chaîne qui unit les générations et inscrit son nom propre dans une continuité, dans la continuité du grand Autre de la tradition. Dans cet objet, on peut lire ce qui reste du père face à la dissolution de la mort.

S'agit-il seulement d'une relique familiale – comme ce bol en porcelaine bleu ciel orné d'un délicat décor floral, sur lequel est gravé, dans un style gothique, le nom de S. Roth et la date de 1912 ? Non, ce qui reste du père ne se réduit pas à une relique familiale. Nous le verrons mieux par la suite quand l'auteur décide de quoi sera fait le patrimoine qu'il choisira comme héritage de son père. Pour l'instant, restons sur ce bol à raser que le père décide de laisser en héritage à son fils. C'était un objet, écrit Roth qui « avait l'aura d'une trouvaille archéologique », « dans notre banale petite salle de bains de Newark, il avait sur moi l'impact d'un vase grec représentant les origines mythiques de la race » (p. 30).

Les origines mythiques de la race. Quelque chose passe de père en fils mais transcende leur intimité pour évoquer un horizon plus ample, celui justement des origines mythiques de la race, dans un processus originaire d'une humanisation de la vie. Dans le lien avec le père, il y a toujours en jeu un enchevêtrement particulier ; le lien singulier avec un père est depuis toujours un lien à la Loi, avec le lieu de l'Autre comme lieu Tiers, avec un horizon transversal, avec le pouvoir symbolique de la parole en tant que telle.

L'exigence d'oublier, d'atténuer la douleur de la perte, de ne pas tomber dans le trou réel qui s'est grand ouvert de manière traumatisante avec la mort de sa femme, pousse le père de Roth à se débarrasser aussi de ses *tephillin.* Il s'agit d'un phylactère, un objet sacré, composé de deux petits étuis en cuir contenant des versets bibliques, que le juif pratiquant s'attache autour du front ou au bras gauche avec de petites bandes de cuir, pendant les prières des jours fériés. Au lieu de rencontrer le jeune rabbin de 23 ans pour lui faire part de sa décision, son père choisit d'abandonner l'objet sacré dans les armoires du vestiaire des hommes du YMHA (Young Men's Hebrew Association) qu'il avait l'habitude de fréquenter. Il décide donc de laisser là-bas, dans ce lieu de récréation et d'abandon ludique, « en ce lieu familier entre ces bedaines et ces couilles juives », son objet le plus sacré. Mieux vaut là-bas qu'ailleurs. Mieux vaut là-bas que dans les mains d'un jeune rabbin de la synagogue, détenteur d'un savoir vide et formel, détaché de la vie. Il vaut mieux laisser l'objet le plus sacré là où la vie est passée, où elle s'est manifestée.

> « Oui, le vestiaire de la Y. où ils se déshabillaient, où ils *schvitzaient*[5] et puaient et où, entre hommes, qui se connaissaient bien, connaissaient les moindres coins et recoins de leurs vieux corps usés et déformés, ils *kibitzaient* et échangeaient leurs blagues salées et où, jadis, ils concluaient souvent leurs affaires, c'était là leur temple, le lieu où ils demeuraient juifs » (p. 102).

La névrose comme refus de l'héritage

Quelques années après la mort de sa mère, Philip Roth annonce à son père qu'il ne veut pas être mentionné dans un éventuel testament, il déclare ainsi qu'il refuse toute forme d'héritage. Son père suit fidèlement ses recommandations et l'efface de la liste des héritiers, léguant tous ses biens au fils aîné, Sandy. À présent, sa volonté étant en train d'être exaucée, Philip Roth se sent « jeté dehors », « exclu », simplement « anéanti ». Il exige d'être exclu, mais quand son père consent à sa volonté et l'exclut vraiment, il se rend compte que cette exclusion était en réalité une demande inconsciente d'inclusion. Il disait non, il s'auto-excluait parce qu'il voulait être demandé par son père :

> « À mon grand désarroi, contemplant là, avec lui, ses dernières volontés, je constatai que je voulais ma part du petit capital que, contre toute attente, ce père opiniâtre et déterminé, mon père, avait accumulé au cours d'une vie. Je voulais l'argent parce que c'était son argent, j'étais son fils et j'avais droit à ma part, et je le voulais aussi parce que c'était, sinon un authentique morceau de sa peau de bûcheur acharné, du moins en un sens la matérialisation de tout ce dont il avait triomphé et à quoi il avait survécu. C'était ce qu'il devait me donner, c'était mon dû de par la coutume et la tradition » (p. 111).

La laïcité de l'écrivain et son orgueilleuse autonomie critique, n'ont pas d'écho pulsionnel ; le fils exige quelque chose de son père, il ne cesse de l'exiger même quand il en est séparé de manière irréversible. Tout d'abord, cette constata-

5. Du yiddish *schvitz*, « transpirer, suer ». Anglicisé, usage courant en anglais.

tion déroute Philip Roth lui-même, comme s'il était un analysant aux prises avec une quantité de jouissance inconsciente qui lui échappe et qu'il ne sait comment symboliser.

> « À quoi tenait, se demande-t-il inconsolable, ce coup de tête qui m'avait fait rejeter mon droit à l'héritage, et comment avait-il pu si facilement l'emporter sur des espérances qu'un fils, je le découvrais à présent, un peu tard, était *en droit* de nourrir ? » (p. 112).

Dans la névrose, la proclamation d'indépendance peut exprimer une difficulté de symbolisation au niveau de la dette envers l'Autre, donc de sa propre castration. La maladie mortelle du père conduit le fils à relire sa revendication d'autonomie et d'indépendance comme un symptôme œdipien. C'est quelque chose qui peut avoir lieu et qui ensuite tend à se répéter pendant la crise du passage adolescent, quand l'exigence légitime de séparation peut être agie contre toute reconnaissance de la dette symbolique envers l'Autre. C'est la dynamique que Philip Roth a admirablement décrite dans l'un de ses romans les plus réussis, *Pastorale américaine*[6]. Il y est aussi question d'un père – le mythique Swede – aux prises avec sa fille rebelle, tombée d'abord dans la spirale du terrorisme d'extrême gauche, puis engloutie dans une secte religieuse autrement plus extrême dont elle devient une fervente adepte. Violence (dans son militantisme politique, elle se rend responsable de plusieurs homicides) et non-violence (sa secte demandait à ses adeptes de respirer à travers un filtre artificiel pour éviter de tuer les micro-organismes présents dans l'air) apparaissent comme les deux faces de la même médaille fondamentaliste. Depuis toujours, chaque effort du père pour parler avec sa fille et lui donner la parole est fatalement frustré. Le symptôme de bégaiement qui a marqué la fille depuis l'enfance révèle de manière drastique cette impossibilité. La poussée vers la revendication de sa liberté semble impossible à symboliser, comme cela arrive parfois dans la crise adolescente, impossible à symboliser. Alors que dans *Patrimoine* le fils a la possibilité de traduire symboliquement cette revendication en demande d'amour et de reconnaissance adressée à l'Autre. On peut

6. P. Roth, *Pastorale américaine*, Paris, Gallimard, coll. « Folio », 2001.

comprendre sa demande d'être retiré du testament comme un moyen névrotique de vérifier le désir de l'Autre, pour tester sa tenue, pour adresser à l'Autre la question qui anime ce que Lacan a défini comme « le fantasme primaire de l'enfant » : « Peux-tu me perdre ? » Animé du remords d'avoir voulu s'exclure du testament, on peut vérifier comment, plus généralement même, son comportement a été guidé par cette logique fantasmatique :

> « Cela m'était arrivé plus d'une fois dans la vie : j'avais refusé de laisser les convenances me dicter ma conduite, mais pour m'apercevoir, après avoir agi à ma guise, que mes dispositions de base étaient parfois plus conventionnelles que n'étaient inébranlable et impérieuse ma morale » (p. 112).

La névrose est une pathologie de la demande. Elle exacerbe tellement la demande que le sujet tend à remplacer l'objet de son désir par la demande de l'Autre. Ce qui signifie tout faire pour faire émerger une demande chez l'Autre, même en réduisant à zéro la sienne, comme il arrive dans le cas de Philip Roth. « Le fils qui, perpétuellement, clame son autonomie ! » et déclare avec effronterie « je n'ai besoin de rien » (p. 113), face au père malade et mourant, dont les mois sont comptés, lui demande de lui parler encore du bol à raser de son grand-père et veut se sentir inclus dans la filiation. Il écoute le récit de son père, il écoute comment se déroule sa transmission de père en fils et révèle à son père avoir voulu ce bol depuis qu'il est enfant. Avoir voulu le recevoir en héritage comme son père l'avait reçu du sien. Face à cette curieuse révélation du fils écrivain, son père « lui sourit, avec la moitié de sa bouche encore mobile » (p. 114). Et un jour, alors qu'il allait laisser son père seul avec sa maladie pour rentrer à New York :

> « Il passa dans la chambre à coucher et revint avec un petit paquet qui m'était destiné. » « Je décelai dans cet emballage le travail de mon père et reconnus également sa calligraphie – à l'aide d'un marqueur indélébile, il avait écrit en majuscules d'imprimerie irrégulières sur le rabat supérieur de l'emballage : "d'un père à un fils." "Tiens, dit-il. Emporte ça chez toi."
>
> Une fois en bas, dans la voiture, je déchirai le papier d'emballage, et je trouvai le bol à raser de mon grand-père » (p. 125-126).

L'intolérance paternelle

L'intolérance n'est pas à entendre comme un effet de l'adhésion inconditionnelle et conformiste à une idéologie, comme une manifestation d'un autoritarisme aveugle, mais plutôt comme l'expression de l'appartenance à un groupe, comme partage des mêmes objets et des moyens de jouissance propres à une génération historique, un *modus vivendi.* Le père y inclut forcément une part d'intolérance. C'est cette part qui découle du maintien de la différence entre les générations et le conflit qui en découle inévitablement. Sa figure n'est pas celle d'un médiateur culturel, ni celle de la rhétorique édifiante du dialogue. Il y a une intolérance des pères qui a quelque chose à voir avec leur propre fonction symbolique. Il ne s'agit pas d'avaliser l'autoritarisme du vieux *pater familias* ou du moderne père-maître. Cette intolérance n'a aucun rapport avec la violence et avec le pouvoir. Elle ne justifie pas la répression et l'insulte, au contraire, elle est la tache aveugle que le temps inscrit dans les générations. C'est une expression de l'impossibilité d'égaliser les responsabilités asymétriques qui les traversent. Cette tache aveugle, ce manque d'ouverture, est aussi un indice de fermeté, d'enracinement, de force. L'intolérance est là de par l'absence de justifications raisonnables : « C'est comme ça parce que c'est comme ça ! » Un père n'est pas une figure rhétorique du dialogue entre pairs qui alimente le parcours du sens, mais avant tout une incarnation singulière de la limite du sens. Ce qui reste du père est la responsabilité d'introduire un acte qui sache mettre fin au sens. Entre père et fils, le silence est d'or. Philip Roth, comme tous les fils qui ont connu l'incarnation d'un père, a connu cette Loi. Son père a été un père qui ne s'est pas plié au cliché hypermoderne de la rhétorique du dialogue. Il a plutôt été un père ferme, et même borné dans sa fermeté. Mais cette stupidité n'a jamais été accompagnée d'un exercice rigide et répressif du pouvoir. Ce n'était pas ce qui était au premier plan. La fermeté lui semblait être un *modus* de son être père. Sans rien exiger pour lui, sans connaître le sadisme du pouvoir. Père par nécessité, père inassimilable au fils, parce que c'est cela qu'imposait une Loi écrite dans un ailleurs qui n'était pas leur intimité. Un père sans intérêt, capable de renoncer à son propre plaisir immédiat pour être père.

Une scène hilarante et irrésistible montre bien ce qu'est être père au-delà de son propre plaisir immédiat. Un jour, un jeune Noir lui vola son portefeuille dans la rue. Il était armé. Le père lui dit de prendre tout ce qu'il voulait et de baisser son pistolet. Quand le jeune partit avec le portefeuille, courant de l'autre côté de la rue, il lui cria : « Combien y avait-il ? » Le jeune homme, un peu hagard, regarda dans le portefeuille et lui répondit : « 23 dollars ». « Très bien, [fit] mon père, maintenant, surtout, ne va pas le dépenser pour te payer des saloperies » (p. 134).

Dans cette scène, ce qui compte, ce n'est pas la charge éducative ou son éventuelle persuasion idéologique ; ce qui compte, c'est que la recommandation paternelle se présente sans lien de sang, et surtout sur fond d'une perte de bien, d'un vol subi, d'une injustice. Il n'y a pas de colère dans les paroles du père, mais uniquement pardon et protection. Ce qui frappe, au-delà de la réplique comique, c'est l'insistance du témoignage de ce qu'est un père. Le caractère obtus se transforme en ténacité, en cohérence extrême, dans un éloge de la capacité à prendre position. L'inflexibilité bornée de son père a fait souffrir l'écrivain.

> « Toute ma vie, j'ai essayé de lui expliquer que les gens sont différents les uns des autres. Ma mère comprenait, lui, ça lui échappait. Il n'y parvenait tout bonnement pas. Voilà ce que je souhaitais trouver en lui : un peu de la patience, de la tolérance qu'elle avait, la simple acceptation du fait que les gens sont différents et que cette différence est légitime. Mais ça, il n'arrivait pas à le saisir » (p. 134-135).

Son intolérance s'exprimait aussi par le manque de disponibilité pour reconnaître les différents points de vue ou, comme dirait Lacan, les modes de jouissance. Cependant, ce n'était pas complètement l'inflexibilité d'un père autoritaire et tyrannique, mais celle d'un père convaincu que sa position impliquait nécessairement une responsabilité éducative. Un fils peut-il pardonner à un père cette inflexibilité bornée et intolérante ? Ne pourrait-on pas dire qu'un père est celui qui exige d'être pardonné ?

Si un père est tenu de témoigner de sa position irréductiblement asymétrique par rapport à son fils, jusqu'à supporter une certaine friction agressive que cette asymétrie implique forcément, un fils est tenu de se confronter à ce noyau dur, à cette saillie du père jusqu'à la limite de son pardon. Le pardon n'est pas que du père vers son fils – comme cela se passe dans la célèbre parabole des Évangiles – mais aussi du fils envers son père. Mais qu'est-ce que pardonner au père ? Ne sommes-nous pas peut-être face à l'essence même du pardon ? Le pardon n'implique-t-il pas nécessairement un oubli partiel de ce qui s'est passé ? Ne s'agit-il pas d'atteindre l'oubli sur le versant de la mémoire ?

Cette possibilité est celle qui échappe au chauffeur furieux avec lequel Roth, se faisant passer pour un psychiatre de l'University Hospital, entretient une conversation presque surréelle. Non, lui, au vu de ses évidents troubles mentaux, n'a pas été en mesure de pardonner à son père. Même quand il avait 20 ans, raconte-t-il à l'écrivain abasourdi, il l'a frappé jusqu'à lui faire sauter les dents. Il frappa son père en l'accusant de ne l'avoir jamais défendu face à l'agressivité furieuse de son frère aîné. Il le frappa pour l'oublier, pour le quitter à jamais. « Je ne suis même pas allé à ses funérailles », s'exclamera-t-il avec force au cours de leur discussion, pour ensuite ajouter qu'il n'a pas non plus été tendre avec sa mère, sur qui il a crié violemment, « t'es une conne, une salope » (p. 167) quand elle était sur le point de lui annoncer, émue, la mort de son père.

Pourtant, cet homme, rancunier et alcoolique, vers la fin de la conversation avec le faux psychiatre, lui révèle avec un certain orgueil qu'il a de toutes façons survécu malgré tout ça. Ce bonhomme, belliqueux et truculent, sans vie affective, à 40 ans n'a pas bougé de là. Il n'est pas sorti de cette scène de violence. C'est l'illusion de la haine violente que connaît bien la clinique psychanalytique. C'est uniquement à travers une étrange illusion que la haine semble rendre possible la séparation. En réalité, la violence, comme Freud l'a démontré avec précision et inspiration, génère un attachement persistant à l'objet choisi, ainsi que cela se produit dans le mythe freudien de la horde primitive où l'acte parricide des frères donne lieu à l'érection du totem et à la culpabilité. Non, ce n'est pas la haine qui peut séparer de l'Autre. La haine nous attache éternellement à l'objet. Ce n'est pas un moyen de séparation, mais une manière de ne jamais se séparer.

Seulement un peu de merde

La scène centrale du roman est celle où est dévoilée la nature du patrimoine que le père lègue à son fils. Après la biopsie invasive du cerveau à laquelle le père s'est stoïquement soumis, l'écrivain lui propose quelques jours de repos dans sa maison de campagne. À la fin d'un déjeuner, s'apercevant de l'absence de son père, il le cherche et le trouve désemparé, complètement nu, en train de sortir de la douche. Tout autour de lui, de la merde. Son père a eu une crise intestinale. « J'ai chié dans mon froc », dit-il.

> « Il y avait de la merde partout, barbouillée par ses pieds sur le tapis de bain, maculant le pourtour et le rebord de la cuvette et, au pied de la cuvette, accumulée en un petit tas sur le sol. Elle avait éclaboussé la vitre de la cabine de douche [...]. Elle souillait le coin de la serviette dont il s'était servi pour commencer à se sécher [...]. J'en vis même sur les extrémités des poils de ma brosse à dents, accrochée au support fixé au-dessus du lavabo » (p. 182-183).

Après avoir consolé son père en larmes et l'avoir rassuré sur le fait qu'il ne dévoilerait leur secret à personne, l'écrivain se met à nettoyer la salle de bains avec ténacité. Cependant, après un travail aussi méticuleux que désespéré, il finit par constater que tout nettoyer parfaitement serait impossible : de la merde s'était infiltrée entre les lattes du plancher et était inatteignable, impossible à retirer. La merde s'était même attachée à son corps, à ses mains et à ses cheveux. La distance qui, depuis toujours, avait marqué la relation à son père s'était dissipée. Mais cette dissolution, il ne la ressentait pas avec dégoût ou angoisse. Il le regardait dormir dans le sommeil suivant le déshonneur de cette dernière révélation. Ce qui émergeait n'était ni de la peine, ni de la compassion, ni la nausée ou de l'aversion. C'était quelque chose de plus et de différent. « Je n'aurais rien pu demander de plus pour moi-même, pensa l'auteur, avant sa mort ».

> « On nettoie la merde de son père parce qu'elle doit être nettoyée, mais, dans le sillage du nettoyage, tout ce qu'il y a lieu de ressentir se ressent comme jamais encore auparavant. Ce n'était d'ailleurs pas la première fois que, cela, je le comprenais : du jour où l'on passe outre à son dégoût, où l'on ignore son écœurement et où l'on se jette à l'eau pour échapper à des phobies aussi fortement ancrées que des tabous, la vie offre énormément à chérir » (p. 185-186).

Une évidence s'impose. La transmission ne passe pas par des grandes œuvres mais se réalise par l'écart, par l'impossibilité de nettoyer, par les morceaux de corps, de viande, par le reste de la vie. Parce que dans ce reste, il y a encore « énormément à chérir », conclut le fils.

> « Donc c'était *cela*, le patrimoine. Non que nettoyer la merde fût symbolique d'autre chose, mais précisément parce que ce ne l'était pas, parce que ce n'était ni plus ni moins que la réalité vécue que c'était.
> Tel était mon patrimoine : non pas l'argent, non pas les *téphillim*, non pas le bol à raser, mais la merde » (p. 186).

L'ensemble des objets qui constituent la mémoire se dissout et se concentre dans cet objet petit (a), selon l'algèbre de Lacan, dans cet objet « écart », inassimilable à la dignité narcissique de l'Idéal. Ce qui reste du père, c'est donc de la merde. Un fragment du corps, un morceau détaché, un résidu de la vie. Que signifie que ce qui reste du père est un morceau détaché, un fragment du corps, une relique ?

La merde que le père laisse dans la salle de bains de la maison de campagne de son fils écrivain a-t-elle valeur d'un objet qui mène à l'idolâtrie du mort ? Non, ce n'est pas ça. Il n'y a pas d'autels, de lieux de culte, d'urnes, de contenants précieux pour recueillir le patrimoine que le père lègue à son fils : seulement quelques éclaboussures entre les lattes de bois du sol de la salle de bains et qui sont destinées à pourrir lentement dans l'anonymat le plus total. *Sicut palea,* dirait le saint Thomas de Lacan. La merde du père est ce qui en reste, ce qui reste de l'Idéal paternel, ce qui reste du Père après sa mort. C'est le patrimoine, l'héritage qui se transmet de père en fils. Elle est l'objet *a*, cet objet si singulier, si impossible à généraliser, à assimiler au savoir et qui rend impraticable toute forme de culte. La merde reste, mais seulement dans la salle de bains de la maison de campagne de l'écrivain. Elle est trace, présence destinée à disparaître ; c'est la castration comme don ultime du père, c'est l'émergence de son manque, de son humanisation la plus radicale, et littéralement de s'être « démerdé ».

Le témoignage de la mémoire

Ce que le père laisse à son fils n'est donc pas un témoignage idéal, parce que le témoignage authentique n'est jamais idéal. Il n'existe rien qui ressemble à un idéal de témoignage. Au contraire, nous devrions penser le témoignage comme étant structurellement antagoniste à l'Idéal. C'est aussi pour cela qu'il ne peut s'incarner qu'en un acte singulier et unique. Le témoignage qui se pose comme idéal, comme un enseignement exemplaire, serait condamné, dans la meilleure des hypothèses, à la rhétorique pédagogique du bon exemple. Il n'existe pas de témoignage exemplaire. La vraie transmission détache le témoignage de l'intention pédagogique. Le témoignage paternel le plus efficace est celui reconstruit rétroactivement. Si en revanche l'acte du père exige d'être exemplaire, il y a, en embuscade, le risque du glissement vers la figure du père éducateur, dont le cas du président Schreber nous offre une représentation dramatiquement inégalable.

Quand, à la fin, le père meurt dans un lit d'hôpital sans avoir été soumis à d'ultérieures tribulations, l'écrivain fait un rêve. Il rêve qu'il se trouve dans le port de Newark avec d'autres enfants qui doivent être évacués ou attendent de l'être. Face à eux, le spectacle inquiétant d'un vieux cuirassé de guerre qui dérive. Dans ses associations libres, alors que la baie évoque les moments heureux de son enfance où, avec son père et son oncle, les enfants faisaient face à l'horizon immense de la mer, l'atmosphère de la vieille embarcation à la dérive est associée à celle qui entourait la mort et l'enterrement du président Roosevelt, victime d'une hémorragie cérébrale. L'écrivain interprète alors son rêve comme celui d'une mise en congé. Le vieux cuirassé à la dérive, devenu une « fragile épave », est son père ; les enfants évacués définissent sa position d'être né, expulsé dehors, jeté dans le monde, orphelin, comme se sentit orpheline une nation entière face à la mort de son « héroïque président », de son père spirituel.

De la merde étalée, infiltrée dans les lattes de bois du plancher de la salle de bains d'une maison de campagne ; un bateau cuirassé de guerre à la dérive, sans personne à bord, fragile épave sans destination ; un bol à barbe enveloppé dans un paquet improvisé. Puis le souvenir du père. Sa capacité à garder les souvenirs d'une vie, à ne pas en perdre les traces. La mémoire, pour un écrivain, est fondamentale. On ne peut rien comprendre de l'écriture de Roth si on ne prend pas en considération que l'oubli est impossible. Il n'y a pas de témoignage possible sans mémoire, il n'y a pas de témoignage possible sans le travail symbolique du deuil. L'écriture même serait impossible si l'on ne prend pas en compte cet art du souvenir, de la mémoire des détails, de la mémoire du père. « Tu ne dois rien oublier », sont les derniers mots à son fils. « Être vivant, pour lui, est être fait de souvenirs [...] si un homme n'est pas fait de souvenirs, il est fait de rien. » C'est l'héritage qui a été transmis et qui revient sous la forme de l'écriture : écrire, c'est enregistrer, recueillir des traces, produire des traces, retourner par des voies différentes sur les empreintes du passé, y retourner en suivant d'autres empreintes pour en laisser d'autres encore, pour produire des traces ultérieures et nouvelles.

Porter le feu

Un monde sans loi

Dans le dernier roman de Cormac McCarthy, les personnages principaux sont un fils et son père. Un fils et son père sur la route [1]. Sur le fond d'un anéantissement du monde. Une dévastation mystérieuse de la planète. Tout est montré comme étant en fin de vie ou déjà mort. Les routes sont dangereuses. Une foule d'hommes ravagés les parcourent à la recherche de nourriture. Le cannibalisme, la violence, le viol et l'homicide sont courants. Aucune Loi n'est plus en mesure de garantir quelque forme de cohabitation civile que ce soit. Il reste l'*homo homini lupus*. Les survivants sont des silhouettes effrayantes et effrayées qui peuplent une scène du monde inhabitée et terrifiante. Tout semble gris. Le soleil ne réchauffe plus, la lumière n'illumine plus, la pluie ne nettoie pas les cieux, le vent ne clarifie pas l'horizon, des secousses sismiques font irruption, secouant une terre sans vie. C'est un monde sans espoir qu'un fils et son père traversent, allant vers la mer, vers le Sud, parce qu'ils ne survivraient pas à la rigueur d'un autre hiver.

1. C. McCarthy, *La route*, Paris, Éditions de l'Olivier, 2008. Dorénavant, les citations à partir de cette œuvre vont être indiquées par le numéro de la page.

Le roman de McCarthy s'ouvre sur l'extrait d'un rêve du père : errant dans une caverne labyrinthique avec son fils, ils tombent dans une pièce en pierre où ils rencontrent un animal archaïque et terrifiant (p. 9). Cette créature des abysses, avec une gueule pendante et ruisselante, est une image puissante et angoissante de la Chose de la jouissance. Si le monde de la Culture se développe à partir du présupposé de la mort de la Chose décrétée par le symbole, dans ce fragment onirique la Chose triomphe, renvoyant, pour ainsi dire, le monde de la Culture à son fondement sauvage et excentrique au langage et en déclarant *la mort du symbole et l'affirmation terrifiante de la Chose.* L'héritage est mis en échec. La terre est morte sans faire de testament (p. 119). Il ne reste que « le vide noir et écrasant de l'univers » (p. 119). La planète, bouleversée par un désastre écologique effrayant, n'est plus la même. Elle ne sera pas transmise aux générations futures. Il n'y a plus d'avenir. Juste une mémoire spectrale et anti-proustienne qui domine le tableau : « On oublie ce qu'on a besoin de se rappeler et on se souvient de ce qu'il faut oublier » (p. 17).

Le monde est sans Dieu, sa survie est incertaine. La Loi ne provoque plus de poussée vers sa transgression ou son refus, parce que McCarthy met au premier plan la condition radicale de l'absence de Loi, la condition, comme certains critiques l'ont mis en avant, de la pure *anomie*[2]. Le monde est désormais uniquement peuplé de

> « gens qui mangeraient vos enfants sous vos yeux et les villes elles-mêmes seraient entre les mains de hordes de pillards au visage noirci qui se terraient parmi les ruines et sortaient en rampant des décombres, les dents et les yeux blancs, emportant dans des filets de nylon des boîtes de conserve carbonisées et anonymes, tels des acheteurs revenant de leurs courses dans les économats de l'enfer. [...] Sur les routes là-bas, les fugitifs s'écroulaient et tombaient et mouraient et la terre glauque sous son linceul suivait tant bien que mal son chemin de l'autre côté du soleil et s'en retournait aussi vierge de toute trace et tout aussi ignorée que la trajectoire de n'importe quelle planète sœur innommée dans le noir immémorial » (p. 162).

2. Voir, par exemple, L. Briaco, « Cormac McCarthy », dans V.M. De Angelis, C. Ricciardi, *Verso il millennio. Letteratura statunitense del secondo Novecento*, Rome, université La Sapienza, 2007, p. 195.

Sur ce fond catastrophique et apocalyptique, que reste-t-il du père ? Que reste-t-il de la fonction de transmission paternelle si l'avenir même du monde est menacé ? Le père de cet enfant se le demande souvent. Il se le demande dans le plus grand isolement. L'horizon de *La route* est celui de la perte de tous les centres de gravité, de tout sens de la Loi, donc de la perte de l'idée même d'une forme symbolique de paternité comme garantie de la stabilité du monde. Rien de tout cela. Le monde de *La Route* est un monde sans Père, sans Dieu le Père.

> « Crois-tu que tes ancêtres regardent ? Qu'ils marquent dans leur grand livre combien ils t'estiment ? Par rapport à quoi ? Il n'y a pas de grand livre et tes ancêtres sont morts et enterrés » (p. 175).

« Me voilà ! »

Toutefois, ce qui frappe chez ce père, c'est sa manière de prendre soin du fils, dans la continuité et la résistance. « Me voilà », écrit Levinas, c'est la manière la plus directe que peut prendre la responsabilité comme la réponse éthique à l'invocation de l'Autre. C'est ce dont témoigne constamment ce père silencieux, triste et tenace. C'est un père présent. Si sa parole est réduite au minimum, son soin est constant, assidu, entêté. C'est la dimension dense, opaque, matérielle, tactile, qu'assume ici la dialectique de la reconnaissance. Une certaine rhétorique lacanienne a souvent voulu négliger cette dimension, insistant sur l'idée que le Nom-du-Père était une pure fonction symbolique et qu'en tant que telle, elle pouvait faire abstraction de son incarnation particulière en un père et en sa présence concrète [3]. Mais dans *La route,* la rhétorique symbo-

3. Même s'il est absolument vrai que la parole de la mère donne la valeur de l'autorité symbolique du père et que le problème n'est jamais son absence physique mais, justement, la manière dont la mère parle rétroactivement de cette absence. Il est aussi vrai – et Lacan souligne cet aspect – que le Nom-du-Père exige une incarnation, même s'il s'agit de celle du désir du père comme désir d'un homme adressé à sa femme, et que celui-ci peut être rencontré par le sujet dans « n'importe quel objet » (un autre homme que le père réel, une institution, un mouvement collectif, une femme, une mère, etc.).

lique du Nom laisse la place à la nécessité de la présence, à la résistance de la présence, comme si l'anéantissement hypermoderne de tout horizon transcendant, la disparition de toute trace de la Loi imposait une valorisation de la présence réelle du père, de sa parole, de sa manière de prendre soin et de son témoignage. De cette manière, la dialectique de la reconnaissance montre ses contours les plus matériels, sa dimension dans son épaisseur, elle est incarnée. Le père réel devient aussi essentiel que le père symbolique ou, mieux, c'est uniquement à travers le témoignage du père réel que quelque chose du père symbolique peut survivre. *La route* saisit une dimension décisive de la fonction paternelle de l'époque hypermoderne : comme l'image transcendantale du Père solidaire à une Loi établie a priori, fondée théologiquement, est moins présente, reste au père réel la tâche d'offrir un témoignage sur l'existence en l'absence de soutien d'une solidarité universelle et idéologique de Loi et de désir, sans vouloir mourir et sans devenir fou.

La dialectique de la reconnaissance assimile ainsi l'existence à la patience, à la disponibilité, à la présence, à la perte de la jouissance, au renoncement du moi, au pur don du soin comme défense de la vie, à l'attention au particulier. « Il tendait la main pour toucher l'enfant qui dormait à ses côtés » (p. 9) ; il s'assurait de la présence d'huile dans la lampe pour pouvoir lire des histoires à son enfant ; « il entourait le petit de ses bras pour tenter de le réchauffer » (p. 14) ; « il serrait contre lui le petit qui grelottait et il comptait dans le noir chacune de ses fragiles respirations » (p. 19) ; « je suis en train de lui laver les cheveux pour enlever les restes de la cervelle d'un mort. C'est mon rôle. Puis il l'enveloppa dans la couverture et le porta auprès du feu » (p. 70) ; il regardait l'enfant dormir et éclatait en sanglots non pas parce qu'il pensait à son sort mais par un sentiment lié à la bonté et à la beauté ; « il le garda toute la nuit serré contre lui » (p. 219) ; « sa main cherchant le cœur de l'enfant [...] il écoutait pour entendre s'il respirait » (p. 241).

La vie de l'enfant est le verbe de Dieu

Si je mourais, demanda à un moment donné l'enfant à son père, que ferais-tu ? Je voudrais mourir moi aussi, lui répondit son père, pour pouvoir rester avec toi. La vie n'est pas une vexation, une lutte pour le triomphe du plus fort, ce n'est pas une violence aveugle. La vie est dévouement, soin, présence. Le dévouement d'un père pour son fils. L'amour n'est pas l'amour de la vie, ce n'est pas l'amour du monde. L'amour est amour du nom, de son propre nom, du plus singulier, c'est l'amour d'*un* père pour *un* fils. Ce n'est jamais l'amour pour l'universel. Cet amour est un dévouement incarné. Pour cette raison, dans un monde sans Dieu et sans Loi, pour ce père désenchanté et survivant, l'enfant continue à représenter le *verbe de Dieu,* parce que s'il ne l'avait pas été, il se disait que Dieu n'aurait plus jamais parlé (p. 11).

Qu'est-ce que cela signifie ? Comment cet enfant était et incarnait le verbe de Dieu dans un monde qui semblait sans Dieu ?

L'enfant incarne le verbe de Dieu parce que cette incarnation est la seule chose qui le sépare de la mort (p. 35). C'est cette mort que sa mère a choisi de se donner pour mettre fin à cette existence terrifiante et que le père refuse en choisissant de résister. Mais résister pour quoi ? aurait-elle dit. Il ne s'agit pas de résister pour défendre l'existence du verbe puisqu'il n'existe plus, que le ciel au-dessus de nos têtes est vide, dirait Sartre. La vie du verbe s'affirme plutôt dans l'*insistance de la vie,* uniquement dans cette pure *résistance à la mort.* Eh bien, ce père résiste. Il ne laisse pas son fils entre les mains de la mort. Et en résistant, il lui donne espoir, il essaie de transmettre le sens de l'avenir. Aller vers le Sud, vers la mer où l'enfant imagine qu'il peut y avoir d'autres enfants... Le verbe n'existe qu'à travers un enfant. Il n'est plus ce qui affranchit et justifie la vie, il ne sauve plus le monde, mais ce qui peut continuer à exister seulement à travers la singularité d'*une vie.* La vie n'est plus illuminée et guidée par les phares de l'idéologie. Ici, il s'agit d'une petite lanterne, d'une mince lueur d'espoir, presque mort. Pourtant, la force de ce père est de ne pas laisser tomber cette petite lanterne. Ce résidu de vie et d'imagination. Au lieu de risquer d'être violés et mangés par d'autres hommes, la mère laisse son mari et son fils. Elle laisse un monde où il n'y a plus aucune forme de respect. Le père, non. Il persiste à dire « me voilà ! », essayant ainsi de transmettre son amour. Pas pour une vie qui lui fait horreur, pas pour Dieu qui les a abandonnés, pas pour le Verbe universel, mais *seulement* pour ce fils, parce qu'il le voit comme l'incarnation du verbe, la possibilité d'un Dieu, l'existence d'une Loi pour le désir. De cette manière, en résistant à la tentation de la mort, il lui transmet le témoignage d'un lien qui peut exister entre des êtres humains, de ce qui peut faire lien dans une époque de pure violence et d'absence de liens humains. Il l'explique à son fils : « Les gentils font comme ça. Ils continuent, ils ne se rendent jamais. »

La Loi du feu

Ce qui reste du père dans la grande métaphore de McCarthy, c'est aussi l'attention à répéter des gestes qui anciennement signaient la présence d'un rituel partagé. Comme quand le père lui prépare son lit avant de l'endormir ou lui lave les cheveux. Ou quand il évoque son mandat symbolique pour expliquer à son fils qu'il peut utiliser la violence pour le défendre des menaces des autres hommes : « Mon rôle, c'est de prendre soin de toi. J'en ai été chargé par Dieu. Celui qui te touche, je le tue. Tu comprends ? »

Ce qui reste du père, c'est l'idée de l'avenir comme possibilité. Au moment de la catastrophe, le père sauve son fils de la tentation – incarnée par la mère – du suicide comme défense contre le risque barbare d'être violé et mangé. Le père résiste, il ne cède pas à la tentation de la mort. Il choisit de maintenir allumé le feu de la vie. Non pas pour un Dieu mais pour un idéal supérieur. Le ciel est vide comme il ne l'a jamais été. Le Verbe a l'aspect d'un enfant sale et affamé. Le père ne choisit pas seulement de vivre, il choisit le feu, il choisit de résister. La *Loi du feu,* en effet, est la Loi de la parole, la Loi du désir. Être ensemble autour du feu inscrit la possibilité d'un lien. La Loi du feu est la Loi de la parole, celle de la reconnaissance du désir de l'Autre. Alors ce n'est pas le verbe qui se fait homme, ce n'est pas Dieu qui s'incarne en l'homme, mais c'est l'incarnation de la vie même, de la vie qui veut vivre, la vie qui ne renonce pas à la vie, la vie qui défie la mort et qui résiste. C'est la vie de cet enfant, de ce fils qui est *Verbe,* qui aux yeux du père prend la valeur d'une transcendance pour faire exister Dieu. Dans la vie qui ne s'éteint pas, qui reste allumée, qui porte le feu, il y a la puissance mystérieuse d'une transcendance. Non pas le Dieu qui protège sa création de la destruction, mais l'enfant qui devient le signe de Dieu. Signe d'une présence qui ne se laisse pas détruire par la mort. Porter le feu est en effet porter le rite de la cohabitation. C'est porter la possibilité du lien. C'est l'opposé du cannibalisme pratiqué par les « méchants », par les bandes des survivants qui sont réduits à la voracité sans limite de la pulsion orale. Mais si d'un côté le cannibalisme des méchants renverse la domination de la Culture et de la Civilisation sur la Nature, ramenant le cuit au cru, confondant les limites de l'humain et du bestial, inversant le chemin qui, selon Lévi-Strauss, fonde structurellement la culture et le pacte humain, d'un autre côté les porteurs du feu sont les porteurs de la Loi de la cohabitation et du pacte social. Le viol, l'assassinat, le cannibalisme détruisent les liens entre les humains et rendent impossible toute confiance en l'Autre. Le père et le fils sont porteurs du feu, c'est-à-dire porteurs de la Loi de la culture, qui est également la Loi du désir. Ainsi, la présence de l'enfant est aussi cruciale que celle du père, parce qu'elle représente la *présence de l'avenir,* parce que tout n'a pas été détruit. Parce que dans le feu réside la promesse d'un nouveau temps de l'Homme, d'une autre occasion.

Le père est celui qui donne la parole parce qu'il sait porter le feu. Parler avec le père signifie ne pas éloigner le lien avec le feu. C'est ici la valeur du témoignage de ce père. Résister à la laideur, à l'animalisation, à la fascination terrifiante de la grande Chose de la jouissance, se laisser porter par l'amour, par l'amour du nom. Alors que l'horizon du père œdipien était encore habité par les idéaux de la Civilisation, celui du père hypermoderne est désolé, il est signé par le déclin nihiliste de ces idéaux. C'est ce que décrit magistralement et de manière extrême McCarthy. Rien du vieux monde ne survit. La fonction de l'Idéal n'est plus en mesure de protéger les hommes de l'impact de la Chose de la jouissance. Dans cette chute des idéaux œdipiens, qu'est-ce qui reste du père ? Non pas la référence à une Loi idéale universelle, à un code de valeurs fondé a priori, à une Loi inscrite ontologiquement, mais à quelque chose qui résiste, qui ne cède pas sur son propre désir, un reste du père, qui, même sur les ruines et la décomposition de toutes les valeurs, insiste pour transmettre avec le feu la possibilité de la vie. Ne pas assassiner, ne pas manger, ne pas violenter un autre homme. Ce qui reste du père est d'être porteur du feu dans l'obscurité de la nuit d'un monde sans Dieu.

L'adieu

La scène d'adieu est infiniment tragique. C'est l'enfant à présent qui veille sur son père blessé lors d'un affrontement avec un agresseur. C'est l'enfant qui s'occupe du feu et qui renonce pour son père à sa portion de nourriture. C'est lui qui le prie de ne pas s'en aller, de rester avec lui. Son père l'avait fait si souvent face à la fragilité de son petit. À présent les rôles s'inversent. C'est l'enfant qui veut sauver son père. « Tu disais que tu ne m'abandonnerais jamais », dit l'enfant à son père mourant. « Tout mon cœur est à toi » (p. 246) lui répond son père. Tout mon cœur est à toi. Mon cœur est ce qui reste de moi. Tout mon cœur. Et encore : « Si je ne suis plus ici, tu pourras encore me parler. Tu pourras me parler et je te parlerai. Tu verras » (p. 246).

Le fils laisse son père pour s'aventurer dans la forêt, où il trouvera une communauté de « gentils » et d'autres enfants. Une femme prend soin de lui et tente de lui apprendre à parler avec Dieu. Mais pour l'enfant, la meilleure chose est de parler avec le père, comme son père le lui avait enseigné. En lui parlant, il ne l'oublie pas (p. 251).

« La femme lui disait que c'était bien. Elle disait que le souffle de Dieu était encore le souffle de son père bien qu'il passe d'une créature humaine à une autre au fil des temps éternels. »

Héritage et transmission du désir

L'espace du témoignage

Deux films récents de Clint Eastwood, *Million Dollar Baby* (2004) et *Gran Torino* (2008), nous permettent d'interroger de près la question de la transmission du désir à l'époque de l'évaporation du père.

Nous l'avons répété plusieurs fois : ce qui reste du père à l'époque du déclin de sa fonction symbolique est la possibilité d'un témoignage incarné de ce que signifie vivre avec éthique son propre désir comme un devoir. Si le nouage de la Loi et du désir s'est dissous au niveau transcendantal, si l'autorité symbolique du père ne peut plus s'appuyer sur aucun fondement théologique ou de valeur, elle ne se limite pas à disparaître sans laisser de traces. Elle laisse le reste de l'acte singulier, le reste d'un témoignage. Il existe donc un espace pour la paternité à l'époque du déclin historique et social de son autorité symbolique. C'est celui du témoignage. L'absence d'un horizon religieux qui habilite un père idéal et garantit la transmission du désir par la voie naturelle, par la descendance généalogique, ne remet pas à zéro la nécessité de la fonction paternelle, mais elle nous oblige à la repenser en partant de la fin. Comment peut-il y avoir une fonction paternelle qui trouve une incarnation en mesure de permettre la transmission du désir ?

Au-delà du familialisme ?

Dans ces deux films extraordinaires, Eastwood aborde ce thème avec une grande acuité. Que reste-t-il du père quand les liens du sang, naturels, généalogiques sont défaillants ? Les personnages principaux de *Million Dollar Baby* et de *Gran Torino* sont deux pères de ce genre : deux pères ratés. Les rapports avec leurs descendants oscillent entre l'absence de liens et le conformisme cynique. Dans *Million Dollar Baby,* le lien entre Frankie Dunn et sa fille naturelle se réduit à un tas de lettres envoyées par le père et revenues à l'expéditeur. Signe d'un lien interrompu, dans lequel le désir de l'un ne trouve aucune reconnaissance chez l'Autre. Dans *Gran Torino,* le veuvage du héros, par lequel s'ouvre la narration du film, déclenche les attentes d'un butin de la part de ses fils et d'autres membres de sa famille, mus uniquement par leurs propres intérêts et complètement indifférents tant à la mort de la femme qu'à la vie de son mari.

En accentuant le constat d'échec des liens du sang, Eastwood ne cherche pas à dénigrer le lien familial en tant que tel, au contraire. Son but est éventuellement de mettre en lumière la centralité de ce lien, même si pour le faire il doit nécessairement le détacher d'une hypothèque naturalistico-religieuse. Le lien familial est perdu pour être reconquis à un autre niveau par rapport à celui, généalogique, de la descendance naturelle. Clint Eastwood met en évidence tout son caractère contingent et « extrabiologique ». Le lien familial permet la transmission d'un héritage, mais ce n'est pas quelque chose dont on hérite en soi, puisque ce n'est pas un don de nature. L'amour du nom, sur lequel, comme nous l'a enseigné Lacan, tient tout lien d'amour, ne dépend pas de la génétique. À l'inverse, dans chacune des deux histoires, ce qui ressortit à la famille est représenté avec des caractéristiques cruelles de cynisme et d'indifférence. Il y a ainsi deux exemples éloquents dans *Million Dollar Baby.*

D'abord quand Maggie, la jeune femme boxeuse, après ses premières victoires en tant que professionnelle, achète une maison pour sa mère et les membres de sa famille. Son intention est celle du don. Mais de la part de l'Autre, il n'y a aucune reconnaissance, seulement du mépris : « Ils rient tous dans ton dos à cause de ce que tu fais », lui dit sa mère. L'enthousiasme du don est alors frustré. À la place du signe de reconnaissance, il y a un énième reproche. « Pourquoi tu ne m'as pas plutôt envoyé des sous au lieu de m'acheter une maison ? », insiste la mère. « Je n'étais pas obligée », marmonne tout bas Maggie. Comme pour dire : aucune Loi du sang ne m'imposait le don à travers le sacrifice. C'est mon choix. Je vous ai choisi comme étant ma famille. Et je vous ai fait don du fruit de mon travail. Je vous ai donné une maison pour faire de vous une famille. Je l'ai fait librement, sans y être obligée. Et je n'ai rien de votre part, pas même un geste… Seul le souvenir de son père la sauve. Après la séquence du don de la maison, elle accompagne son entraîneur Frankie dans un lieu solitaire où elle avait l'habitude d'aller avec son père quand elle était enfant. C'est un endroit éloigné, où ils font les meilleures tartes à la crème de citron au monde. « La crème est faite maison », précise-t-elle. Eh oui, encore la maison, parce que la maison où les liens sont possibles n'est pas nécessairement celle d'origine.

La deuxième scène est celle où la famille de Maggie avec sa mère en tête, lui rend visite pendant qu'elle est clouée au lit après la terrible défaite pour le titre mondial, dans le but de lui extorquer l'argent qu'elle a gagné. Face à la paralysie de sa fille, la mère n'a aucune pitié, aucune compassion, ni amour, attention ou présence. Sa seule préoccupation est de lui faire signer un contrat pour transférer toute la richesse de Maggie à sa famille. L'amour du nom s'intervertit ici en une exigence impitoyable que la fille écrive son nom pour consentir à être dépossédée de tout ce qu'elle a réussi, grâce à des sacrifices, à construire. Sa mère veut qu'elle signe même en tenant le stylo avec la bouche. Il suffit d'une marque, d'un gribouillage, même de l'ombre d'un nom, pour sanctionner un transfert sans retour de l'avoir. Mais la fille, paralysée, ne signe pas. C'est ainsi que son nom est préservé, celui de

Maggie Fitzgerald, lui permettant de choisir d'avoir un autre nom : celui dont son entraîneur, Frankie, lui a fait don. Un nom « gaélique » : *Mo guislhe.* La foule de ses supporters l'acclamera en l'appelant « Mogui ». Nous le savons, l'amour est amour du nom. Quand elle était forte et combative, quand elle gagnait, elle avait accepté ce deuxième baptême sans connaître le sens du nom reçu. Maintenant, sur le lit d'hôpital, après une amputation due à la gangrène qui envahit son corps immobile, elle demande à son père d'adoption sa signification ; il ne se fait pas prier pour lui révéler : *Mo guilshe* veut dire « mon trésor ». L'amour est toujours l'amour du nom. Le père perdu de l'enfance, qui, par amour, avait accompagné son vieux chien dans la mort, revient dans la tendresse de Frankie, qui sait prendre soin d'elle, qui sait aimer sa singularité offensée.

« Je vous veux vous ! » – « Je serai ton entraîneur ! »

C'est par cet acte que son nouveau père l'a adoptée. Il la reconnaît comme boxeuse, donc il reconnaît son désir de devenir boxeuse professionnelle, son désir de l'avoir lui comme entraîneur (« je vous veux »), il la sort de l'anonymat de son ancienne vie (« Elle venait de la zone sud-ouest du Missouri, entre le rien et l'adieu », raconte la voix du narrateur, Scrap, le meilleur ami de Frankie). Il répond à sa demande en faisant abstraction de sa propre éthique (« je n'entraîne pas les filles ») et du fonctionnement de son institution (la salle n'est fréquentée que par des hommes : la boxe est un sport d'homme). L'option universelle (« je n'entraîne pas les filles ») se déchire et laisse apparaître le nouveau, l'imprévu, la rencontre, l'accueil de la particularité. « Je serai ton entraîneur ! » Ainsi, l'acte de paternité se produit, non comme investiture, mais comme rupture d'un ordre universel – l'ordre de la morale normative, l'ordre du sang et de la généalogie, l'ordre des dogmes.

L'acte singulier du père est, pour Frankie, un objet d'interrogation permanent que le savoir de la religion n'est pas en mesure de satisfaire. C'est un thème qui reviendra aussi avec force dans *Gran Torino.* Les deux figures de pères spirituels, de curés, qui apparaissent dans les deux histoires sont des ombres, deux figures emplâtrées d'un conformisme spirituel qui réduit la foi à un code comportemental abstrait. « Je suis perdu... Qu'est-ce qu'est le Saint-Esprit ? Et Jésus ? », demande Frankie à son prêtre. « Prends une journée... Ne viens pas à la messe demain », lui répond-il sèchement. Dans *Gran Torino,* le père Janovitch dispense un savoir théologique rigide fait de formules dogmatiques vides, privées de vie. Le discours qu'il prononce au cours de l'homélie funèbre pour la mort de la femme de Walt sonne comme une rhétorique vide car il n'est pas attaché à l'existence. Walt le définit comme « pathétique ». Un savoir sans expérience, le savoir mort d'un « homme vierge de 27 ans à peine sorti du séminaire, rempli de lectures, qui prend plaisir à tenir les mains des vieilles dames en leur promettant l'éternité ». Il n'y a là aucun témoignage, mais seulement une reproduction automatique de stéréotypes dogmatiques. Ce qui manque, c'est l'acte singulier qui soit en mesure d'incarner le discours d'un témoignage. Ce discours rhétorique sur la mort comme expérience à la fois de la douleur et du salut, de son caractère indicible et fatal, se révélera « prophétique » en se transformant en acte dans le choix final de Walt [1].

Un désir décidé

Le personnage de Maggie Fitzgerald dans *Million Dollar Baby* est une figure du désir décidé. Sa mère est obèse, sa sœur est un escroc, son frère est en prison, son père est mort. Depuis quinze ans, elle travaille comme serveuse. C'est une cause perdue. Mais ce qui ressort, c'est sa détermination à conquérir Frankie. Lui, il l'observe de loin, il voit qu'elle sait s'entraîner au-delà de ses limites, sans horaires, qu'elle ne s'économise pas. Sa force ne se trouve pas dans la technique mais dans la vision qui la guide. Elle tape dans le sac dans le

1. Voir P. Bianchi, « La subversion de l'autorité », *Cineforum,* n° 483, avril 2009.

noir. Elle a du cœur, une vocation. « Elle risque tout pour un rêve que personne ne voit », commente Scrap. Quelque chose de son vieux père, mort prématurément, persiste en elle. Sa mère le lui rappelle comme une insulte : « Tu es comme ton père ! » Le lien entre elle et Frankie prend corps sur les cendres d'un lien de sang. Frankie lui dit « oui ! », même si c'est une femme, même si elle n'est rien (« Elle avait grandi en ne sachant qu'une seule chose, commente encore Scrap, qu'elle était un déchet ») ; malgré le fait qu'à 31 ans, elle soit hors temps limite comme boxeur, malgré le fait qu'elle ne soit pas un bon investissement, plutôt une cause perdue. Mais toutes ces limites deviennent la force de Maggie, une fois que l'acte paternel produit son adoption symbolique. Le « oui ! » du père a le pouvoir d'aimer l'autre, non pas malgré le fait qu'elle soit une cause perdue mais précisément parce que c'est une cause perdue d'avance. Parce qu'elle, contrairement au poulain de Frankie, qui le laisse tomber aux portes du titre mondial pour un entraîneur plus expérimenté, garde le sens de la dette.

La boxe n'est pas violence aveugle. C'est une lutte, un conflit, un défi envers ses propres limites. Ainsi, la violence est incluse dans un dispositif symbolique fait de règles écrites, et surtout d'une éthique non écrite qui décrète le respect absolu de l'adversaire. Scrap ne cesse de répéter que, dans ce sport, il existe quelque chose de surnaturel, par exemple, « pour donner un bon coup, il faut reculer ». La boxe n'est pas le débordement d'une fureur sauvage et destructrice, mais tout son contraire. La seule règle qui compte, insiste Frankie, comme s'il s'agissait d'un mantra, est de « toujours se protéger, sans arrêt ».

La championne du monde en titre est une ex-délinquante, une meurtrière, connue pour son manque de respect à l'égard de ses adversaires. Sa violence est aveugle, sans âme. On a l'impression qu'elle sort de certaines pages de McCarthy. Elle est la pure expression de cette anomie dont on parlait plus haut. Son aspect inquiétant et trouble veut manifester le Mal sans Loi. La lutte entre les adversaires laisse place au mépris et à la violence meurtrière. Il n'y a pas de respect mais une volonté de détruire l'adversaire. La rencontre avec le Mal plie Maggie. Elle sera paralysée à vie. Elle ne s'est pas correctement protégée, comme lui prescrivait la sagesse de son entraîneur. Sa naïveté (elle a tourné le dos un instant à son agresseur) est un péché irrémédiable. Elle devra vivre avec un poumon artificiel. Rapidement, les plaies de son décubitus tenaillent son corps. Mais Frankie ne l'abandonne pas. Il est toujours présent. Il n'est plus son entraîneur, mais son infirmier, son ami, sa lumière, son père aimé. Puis l'amputation d'une de ses jambes devient nécessaire, et c'est à ce moment-là qu'elle lui demande de la faire mourir. Sa vie n'est plus une vie. Elle a été riche de satisfactions : « J'ai eu tout ce que je voulais, j'ai tout eu, je ne supporte pas que cela me soit retiré. » Maggie se confie ainsi à Frankie. Au début, son nouveau père rejette l'idée même de l'aider à mourir. Il se retourne vers Dieu. Il se retourne vers son père spirituel, qui ne fait que le réprimander en endossant le rôle du surmoi : « Laisse Dieu faire, lui dit-il… Si tu fais quelque chose comme ça, tu te perdras, tu finiras dans un abysse. Tu ne pourras plus te retrouver ! » Les paroles dogmatiques sont toujours décevantes, elles ne savent pas toucher le noyau absolu du singulier. Elles ne savent pas ce qu'est l'amour du nom. Après avoir été appelé d'urgence à l'hôpital parce que Maggie avait essayé de se suicider, en se mordant la langue pour tenter de provoquer une hémorragie fatale et en se retirant les points de suture pour rouvrir ses blessures, Frankie n'a plus de doutes. Dans ce cas aussi, il faut faire place à l'exceptionnel qui défie la Loi (celle, dogmatique, de son Dieu et celle, publique, de ceux qui interdisent l'euthanasie), permettant à son trésor de mourir en paix.

Une autre initiation

Gran Torino revient sur la question de l'héritage et sur la transmission du désir d'une génération à l'autre. L'héritage n'est pas seulement une question de biens, mais de désir.

Comment hérite-t-on d'un désir ? C'est le thème central de ce film. Et encore une fois, ce n'est pas le sang qui rend possible cette transmission. La transmission va au-delà de l'héritage. Les fils, les belles-filles et les petits-enfants de Walt ne montrent pas de dignité, même à l'occasion de l'enterrement de sa femme. Ils jouent avec leur téléphone portable, parlent de leurs affaires : ils ridiculisent le rituel et ne montrent aucune retenue. La vie est un cirque dont ils sont les clowns. Les paroles du curé récitent une litanie qui paraît avoir aussi peu de sens (mais y a-t-il des mots sensés pour dire la mort ?). Le caractère doux-amer de la mort auquel se réfère le jeune prêtre ne semble pas avoir de prise sur la vie qui reste. Tout cela glisse comme de l'eau sur la roche, comme un savoir sans âme.

Thao comme Maggie se présentent comme des causes perdues. Ce sont deux échecs. Pour chacun d'eux, la rencontre – avec Frankie pour Maggie et avec Walt pour Thao – se charge d'un contenu inouï ; c'est la rencontre avec quelqu'un qui, sans être un modèle idéal (quand Thao dit à Walt qu'il a besoin d'un « modèle », celui-ci lui répond sèchement qu'il ne veut être un modèle pour personne), sait incarner une Loi qui soutient le désir, sait témoigner du nouage de la Loi et du désir. Si à 30 ans Maggie a largement passé l'âge pour vouloir faire carrière dans la boxe, Thao ne sait pas ce qu'il désire, il ne sait pas où aller dans la vie, sans père, il est à la dérive, ne veut pas grandir ; on le prend pour une femmelette, un attardé (Tardo est d'ailleurs le nom que lui donne Walt).

Orphelin de père, seul homme d'une maison de femmes, Thao est à la recherche d'un trait identificatoire qui le construirait comme homme. Lacan dit qu'à l'époque de l'évaporation du père « n'importe quelle chose » peut exercer la fonction symbolique du père. Thao accepte, malgré ses réserves morales, le rite d'initiation que lui proposent ses cousins : pour devenir un homme, il doit voler la voiture de Walt, le Gran Torino de 1972, dont le côté *vintage* contraste avec la misère sous-prolétaire du ghetto dans lequel il vit. Mais Thao – grâce à l'interdit initial de Walt : « Ne vole pas ! » – refuse la violence de la bande pour se soumettre à un autre rite d'initiation qui ne passera plus par la transgression de la Loi, mais par le sacrifice du travail[2]. À partir de ce moment, Walt agit comme point d'identification symbolique ; il oriente le jeune homme vers une passion, il l'éloigne de la rue, l'inscrit dans une communauté d'hommes (une entreprise de bâtiment), il l'encourage à courtiser une fille... Dans ce cas, nous voyons bien comment la fonction paternelle porte les vêtements du don, de la transmission du désir, et non ceux de la répression menaçante. Thao rencontre en Walt ce qu'il cherchait : l'occasion de devenir un homme sans perdre ce qui le différencie de ses pairs et qui l'expose à l'ironie masculine : Thao est gentil, tendre, passionné par le jardinage, il respecte les personnes âgées. Thao est différent...

Le témoignage n'a pas de modèles idéaux

Rien chez Walt ne nous fait penser à un père éducateur prescripteur de la tradition. Lui-même, à la fin de sa vie et souffrant d'une tumeur aux poumons, a du mal à vivre. Bien loin de la splendeur héroïque d'Hector dont nous avons parlé dans la première partie du livre, Walt se débrouille entre une bière, la tonte du gazon de sa maison et la difficulté de ne pas être écrasé par le sentiment de culpabilité provenant des horreurs qu'il a rencontrées pendant la guerre de Corée. Il ne peut parler de lui-même à personne et la mort de sa femme lui retire le seul appui qu'il avait dans la vie. Il ne lui reste que son chien, fidèle compagnon. Non, Walt n'est pas un père idéal, il n'est pas celui dont la parole suscite peur et respect, il n'est pas un modèle. Son fils aîné, à l'occasion de son anniversaire, essaie de le convaincre de vendre sa maison et d'aller dans une maison de retraite avec sa femme, ils le traitent

2. Le concept de « travail » (*Arbeit)* est défini par Hegel dans *Phénoménologie de l'esprit* comme un « appétit retenu », donc comme un mouvement de sublimation, clairement en opposition avec la volonté de jouissance sans frein qui anime avec perversion la bande des cousins.

comme un handicapé. Non, Walt n'est pas le père qui prétend être une image exemplaire pour ses fils. En effet, l'éthique du témoignage n'est pas celle du bon exemple. Au contraire, le témoignage le plus précieux qu'un père est tenu de donner, à l'époque de son évaporation, est que le seul témoignage qui compte est celui qui *fait abstraction de l'idéal*, de ce que serait idéalement une vie juste. Quand Walt sauve une première fois Thao de l'agression de la bande féroce du cousin qui se souille avec le viol sauvage de Sue, il ne le fait pas pour une raison idéale, mais simplement pour défendre sa propriété, pour chasser les intrus de son gazon.

Le viol de Sue est une pure violence, une pure négation de la différence : il exprime le modèle pervers de la vie qui caractérise le gang criminel du cousin de Thao. Il rappelle la terrible violence et sans Loi du coup mortel reçu par Maggie durant le combat pour le titre mondial. L'arrogance imbécile des membres de la bande ne respecte même pas le lien du sang. La violence et la pulsion incestueuse se mélangent dans une orgie de jouissance qui cherche à détruire toutes les limites. La frontière du sang, de la descendance génétique, n'est pas suffisante, ni pour établir le sens d'appartenance ni pour rendre possible une solidarité humaine. La violence sans Loi renverse ces frontières affaiblies par l'évaporation symbolique du père. Répondre symétriquement à la violence, comme l'enseignent les Évangiles, risque d'alimenter la violence au lieu de la supprimer. C'est pour cela que Walt choisit de ne pas répondre à la violence par la violence. Si Thao exige une réponse aussi violente et immédiate que l'offense, Walt prend le temps, il introduit le temps suspendu de la pensée. Sa réponse est asymétrique au passage à l'acte criminel de la bande. Ils s'attendent tous à une vengeance à la hauteur de l'offense subie, à une vengeance hors la Loi. Mais la grandeur de la réponse de Walt ne tient pas seulement à ce qu'elle implique la Loi au lieu de s'y opposer de manière stérile (il fait en sorte que tous les voisins soient témoins de l'homicide d'un homme sans défense, rendant ainsi la condamnation de ses assassins inévitable), mais surtout au fait qu'il offre en sacrifice sa vie de mourant pour que justice soit rendue. Il renonce à la jouissance de la vie pour que se rétablisse l'ordre des choses, pour qu'une limite symbolique soit réintroduite. Cela ne peut avoir lieu qu'en faisant ce choix extrême qui témoigne que la jouissance du Mal n'est pas le mot ultime sur la vie. Son corps, foudroyé par une myriade de coups de feu, tombe à terre et semble prendre une posture de crucifié. Aucun salut du monde, aucune valeur universelle de ce témoignage ou aucune rédemption de l'humanité n'adviendra. À l'époque de l'évaporation du père, aucun dieu ne peut nous sauver.

Pourtant, cet arrière-fond d'absence n'oblitèrera pas la valeur du témoignage ; au contraire, il semble le rendre encore plus essentiel, encore plus décisif et faire qu'on ne puisse y renoncer. La Loi est nécessaire au désir, même si elle ne repose plus sur aucun fondement théologique. Walt confie à Thao, avant le tragique épilogue, sa médaille de la guerre de Corée. Thao l'épingle sur sa poitrine comme un talisman. L'honneur militaire, épuré de tout contenu idéologique, est transformé en un signe de reconnaissance, dans une filiation symbolique les parents de sang seront exclus du testament. Thao héritera du Gran Torino. L'initiation est advenue : l'objet du vol qui aurait permis à Thao d'entrer dans le gang ratifie maintenant l'événement de l'héritage symbolique. Entre ces deux moments, il y a eu le chemin de Thao à travers le trauma de la Loi qui a permis le don, la rencontre avec un témoignage qui montre comment il est possible d'unir ce trauma au désir.

Table des matières

II
Témoignages

Collection « Point Hors Ligne »

dirigée par Jean-Claude Aguerre

Michel Bousseyroux
Lacan le borroméen
Creuser le nœud

Silvia Lippi
La décision du désir

Patrick Landman et Gérard Pommier
Le refoulement
Pourquoi ? Comment ?

Pierre Bruno
Une psychanalyse : du rébus au rebut

Sous la direction de Silvia Lippi et Patrick Landman
Marx, Lacan : l'acte révolutionnaire et l'acte analytique
Colloque de Cerisy

Gorana Bulat-Manenti
Comment fonctionne une cure analytique ?
À l'écoute du sujet toujours singulier

Erik Porge
Lettres du symptôme
Versions de l'identification

Christian Fierens
Le discours psychanalytique
Une deuxième lecture de L'Étourdit *de Lacan*

Jean-Pierre Lebrun
Clinique de l'institution
Ce que peut la psychanalyse pour la vie collective

Sous la direction de Alfredo Zenoni
L'autre pratique clinique
Psychanalyse et institution thérapeutique

Michel Bousseyroux
Au risque de la topologie et de la poésie
Élargir la psychanalyse

Jean-Jacques Rassial
Court traité de pratique psychanalytique

Pierre Bruno
Lacan passeur de Marx
L'invention du symptôme

Sous la direction de Claude Dumézil et Bernard Brémond
L'invention du psychanalyste
Le Trait du Cas

Silvia Lippi
Transgressions : Bataille, Lacan

Erik Porge
Des fondements de la clinique psychanalytique

Nestor A. Braunstein
Depuis Freud, après Lacan
Déconstruction dans la psychanalyse

Isidoro Vegh
Le prochain, nouage et dénouage de la jouissance

Erik Porge
Jacques Lacan, un psychanalyste
Parcours d'un enseignement

Erik Porge
Transmettre la clinique psychanalytique
Freud, Lacan, aujourd'hui

Christian Fierens
Comment penser la folie ?
Essai pour une méthode

Nestor A. Braunstein
La jouissance, un concept lacanien

Sous la direction de Jean-Pierre Lebrun
Les désarrois nouveaux du sujet
Prolongements théorico-cliniques au Monde sans limite

Danielle Eleb
Figures du destin
Aristote, Freud et Lacan ou la rencontre du réel

Gérard Pommier
Qu'est-ce que le « Réel » ?
Essai psychanalytique

Sous la direction de Pascale Bélot-Fourcade et Diane Winaver
La ménopause
Regards croisés entre gynécologues et psychanalystes

Marc-Léopold Lévy
Critique de la jouissance comme Une
Leçons de psychanalyse

Hector Yankelevich
Du père à la lettre
Dans la clinique, la littérature, la métapsychologie

Philippe Julien
Psychose, perversion, névrose
La lecture de Jacques Lacan

Georges Zimra
Freud, les juifs, les Allemands

Laurence Croix
La douleur en soi
De l'organique à l'inconscient

Daniel Roquefort
L'envers d'une illusion
Freud et la religion revisités

Sous la direction de Jean-Louis Chassaing
Psychanalyse et psychiatrie
Demandes et réponses contemporaines

Achevé d'imprimer

G.N. Impressions – 31340 Villematier
Email : gnimpressions@wanadoo.fr

Dépôt légal : avril 2014

Imprimé en France